譚情說政
40年

從打工仔到全國人大常委

譚耀宗 口述

駱綺芬 整理

中華書局

自序

    我從來都未有考慮過寫自傳，一來才疏學淺，全靠實踐；二來能擔重任，服務香港市民和國家，都有賴國家和香港市民給予機會和支持，而我亦不希望作自我宣傳，所以無意出書。

    去年中下旬，我決定不再參加全國人大代表選舉。香港聯合出版集團接觸我，並對我作多番鼓勵，認為我在 80 年代便從政，經歷了整個香港回歸，深度參與過渡期前後的工作，如果我能把經歷整理記錄下來，會有助年青一代了解「一國兩制」的誕生，以及不同時期不同政策的發展。

    然而我從政數十載，沒有把過程詳細記錄下來，保存的文件資料不多，有些相關資料在特區成立後亦已送給政府，但經過與聯合出版集團及民建聯同事們商量研究之後，大家認為出版自傳並非為了個人宣傳，更重要是作為一個活歷史的記載，在大家再三鼓勵下，終於便動起來。

    我幸運地找到資深的記者朋友幫手，負責搜尋資料，包括我在立法局和立法會的發言記錄，再加上不同媒體和報

章報道我的講話等，經我口述後再重新整理。

由於時間倉促，很多地方未必能全面涵蓋及深入分析，角度也可能有所偏重，只能把我有參與其中的所見所聞、體驗和經歷寫下來，幫助讀者多了解中央對港的關懷、支持，對「一國兩制」的誠意，在不同時期、不同事件背後的一些鮮為人知的故事，同時也讓大家對我有更多的了解。

我從服務香港市民和國家當中，受益匪淺，悟出很多人生真諦，正是不枉此生。我堅定地相信，「一國兩制」一定會發展得愈來愈好，我對國家和香港的未來充滿信心，讓我們不忘初心，牢記使命，為偉大的民族復興作出貢獻。

目錄

譚情

說政

情譚

第一章
誤入政途

1985 年，我在已故港督尤德爵士見證下宣誓就任立法局議員

譚情說政 40 年 —— 從打工仔到全國人大常委

誤打誤撞的開始

我從來沒有想過會由一個打工仔走到現在，擔當工會領導、籌組政治團體、參政議政，成為立法機關的代表，再加入特區政府決策機構行政會議，甚至參與最高國家權力機關。40 年來，差不多半個世紀，彷彿只是一瞬間的事，既近且遠，既遠且近。

不少人誤以為我已經中學畢業，可是跟上世紀 60 年代大多數的青年一樣，我還未畢業便開始工作。當年上中學並不容易，雖然很幸運，我能夠考上賽馬會實用中學，但讀書並非我的強項，於是讀到中三便輟學了。當時我想法很簡單，一家七口負擔重，我是老大，有四名弟妹，讀書除了中英文兩科，其他各科似乎都不實用，加上追不上學習進度，倒不如學習一門手藝，可以減輕家中負擔。

於是我進入了先施百貨公司工作，入職初期只是當練習生，後來轉到公司陳列部，學習櫥窗陳列工作。公司就在我現時中環中心辦公室附近，我當時只有 16 歲，思想單純，既然公司沒有飯堂，但剛巧在公司對面的工會則設有飯堂，於是經常跟同事前往「搵食」。工會的食物可謂「平、靚、正」，碟頭飯、小菜白飯都只是一塊幾毫，而且設有不同的興趣班，如唱歌、跳舞，我於是參加了「港九百貨商店職工會」，由此半隻腳踏上了政治舞台。

小時候和青年時代

21 歲成為工會理事

當時工會人士覺得我既年青，又相當勤力，我很快便當
上了會員代表，負責聯繫會員，包括收會費、通知會員參加
工會活動、家訪和處理一些勞資糾紛，漸漸便成為了公司
代表、工會的理事，並代表所屬工會出席香港工會聯合會
（工聯會）的會議。

根據職工會條例，要到 21 歲才可以擔任理事。工會負
責人積極培育年青一輩，我得到當時理事長提攜，不但經常

在先施百貨公司學習櫥窗設計（右）

讓我一起參加工聯會會議、跟進勞資糾紛個案，又幫助我學習如何分析國家的發展和香港形勢。剛滿 21 歲，我便當選工會理事的職位。

主 動 出 擊　　做 出 成 績

我擔任工會理事時，為了引入變革，建議到日本、新加坡等地考察，還擔任英文翻譯，回來後更成功把「百貨商店職工會」正名為「香港百貨商業僱員總會」。當時的考慮是覺得原有名稱比較狹隘，於是由「百貨商店」轉為「百貨

先施有限公司
創業七十五週年鑽禧紀慶酒會

猜到圖中哪個是我嗎?(右三)

商業」,這樣可以包括整個業界,而不單是商店,涵蓋面即
時增大,而職工會亦改為僱員總會,不論職位高低都可以
參與。

　　1979年,我離開了工作十多年的先施公司,全職投入
工聯會工作,出任工人俱樂部主任。為了推動會務發展,需
要把工人俱樂部大翻新,為這樓高 10 層大廈重新「裝身」,

並花了不少資金安裝冷氣機，令會員可以舒適地參加不同活動。我們裝修食堂、設立業餘進修中心、圖書館閱覽室和小賣部。

今時今日健身室隨處可見，在 70 年代卻是少之又少。為了強身健體，大家在工作之餘亦要顧及身心健康，於是我也設立了健身中心，俱樂部亦因而變得相當興旺。

吸引年青人是強化會務的重要發展方向，工會要連繫年青人，舉辦歌唱比賽最好不過，於是我在 1978 年提出主辦「全港工人歌唱比賽」，後來更易名為「業餘歌唱大賽」，還邀請到知名評判，包括聲樂家費明儀、填詞人盧國沾、作曲家草田（著名作曲家黎小田父親）和商台的播音王子周聰，並由當年在內地紅極一時的歌手李谷一作表演嘉賓，香港電台著名 DJ 伍家廉擔任司儀，香港電台直播。當年有 3,000 多人報名，盛極一時，張明敏便是第一屆冠軍得主。後來，有電視台發現比賽大受歡迎，便接着舉辦，工聯會便再沒有主辦下去了。

踏入政壇　心繫勞工

年青總充滿幹勁，也較容易得到賞識，加上我曾於大公司任職，又懂一點點英語，1985 年便獲工聯會支持，參加勞工顧問委員會（勞顧會）選舉，並被選為勞方代表，於是又有一隻腳踏入了政壇。當時出任勞僱會的委員，有多人

後來都成為了立法局議員。

加入勞顧會對我而言是一項挑戰，工聯會過去因為不滿六七風暴期間港英政府對工會的打壓，多年來杯葛不參與港英政府有關組織，後來因為內地改革開放，工聯會認為要參與社會事務，包括參加由港英政府設立的委員會。我參與全港性事務逐漸增多，並享有一定知名度後，1985 年港英政府首次在立法局加入 12 個由間接選舉產生的功能組別議席，我很幸運，在這個新機遇之下，獲得工聯會推薦，於沒有任何競爭下自動當選，以 35 歲之齡成為當時其中一位最年青的立法局議員（另一位是王葛鳴）。

當年立法局勞工界共有兩個議席，另一席是港九工團總會（工團）代表彭震海。我們關係良好，撇開政治立場，在勞工權益方面可以合作。當時全港只有約 300 多個職工會，除工聯會和工團之外，其他是中間獨立工會，而公務員的工會佔了很大比例。工會之間都以勞工權益為大前提，共同合作，增強力量。在我推動下，兩位立法局勞工界議員及 6 位勞顧會勞方代表，以 2 ＋ 6 模式，來代表整個勞工界的聲音和利益。

基於前有立法局，後有勞顧會，互相補足，可說最具代表性，大家合作無間，形成勞工界團結平台，亦造就左右派工會合作，成為促進兩岸關係的平台。

擔任立法局議員期間，我依然記得 1994 年《僱傭條例》修訂案，關於長期服務金（長服金）計算方式的立法爭議。

後排右六便是我

我在前排左一

在立法局上發言

和彭震海（左）合作無間

當時勞顧會以資方代表陳瑞球和勞方代表司徒華為首，經過多次磋商，大家認同不能一步到位，讓資方也可以逐步增加承擔，但當時的基督教工業委員會主任劉千石卻突然提出，應該取消 18 萬元的長服金上限，並公開舉行簽名行動，苦求我簽名支持。我明知在勞顧會內勞資雙方已有協

1995 年 7 月我在立法局會議上，身旁是司徒華議員（上）

議，簽名運動也改變不了，但當時我初出茅廬，不敢不簽。司徒華得悉後，質問我為何要簽署，既然勞資雙方已妥協，便不應該出爾反爾，最後劉千石的修訂案未能獲得通過。

直選試煉敗北

開始了勞工界立法局議員生涯之後，一做便是三屆，10 年來都自動當選（1985 年至 1988 年都是 3 年一任，直至 1991 年改為 4 年一任），我認為應該落區接受鍛煉，於是便參與在 1995 年立法局地區直選。

1992 年成立的民建聯，派出多位成員參加直選及間選，而我選擇在觀塘南出選，因為該區以勞工基層居民為

參加 1995 年立法局選舉

主，當中有不少是工聯會會員，當時對手是民主黨的李華明。結果我雖然取得 29,009 票，但仍以約 1,000 票之差，敗給李華明。

失去了立法局議席，並無礙我繼續服務市民。我在 1996 年底的臨時立法會選舉中，以最高票數重返議會。臨立會於 1996 年 12 月成立，因為不被港英政府承認，要到深圳開會。部分議員同時兼任立法局議員，要香港深圳兩邊走，而我因擔任香港特別行政區籌備委員會委員，在北京開會後，便會到深圳參加臨立會會議。臨立會的首要工作是制定《香港回歸條例》，令香港特區政府的法律不會出現真空，可以順利過渡，而司法和公務員體系亦可以延續至 1997 年之後，得以無縫接軌。

非行會成員首選

1997 年香港回歸後，我獲委任為行政會議成員。時任行政長官董建華最初先邀請民建聯主席曾鈺成加入行政會議，不過，當時曾鈺成覺得不應該放棄民建聯主席職務，於是婉拒，並推薦我這位民建聯副主席出任。在無心插柳之下，我便成為了行政會議成員，同時也辭去民建聯副主席的職位。

董建華對我並不熟悉，卻依然委任我，並具前瞻性地為三位行政會議成員分配工作：我負責安老政策、梁錦松掌

管教育改革、梁振英則主理房屋事務。當時有兩位政務主任（AO）分派給我，一同就長者安老的問題進行調查研究，聽取業界意見，並曾到廣東省考察。回想當日，董建華確實很有遠見和眼光，知道長者服務短缺，人口老化問題會愈來愈嚴重。

　　人口老化是必然趨勢，而長者的福利涉及很多不同政府部門，政府也採納我在調查報告內的建議，成立了安老事務委員會，由我出任委員會主席。當時一起工作的「猛人」不少，包括衛生福利局局長楊永強、社會福利署署長林鄭月娥、衛生署署長陳馮富珍，而後來成為公務員事務局局長的聶德權則是安老事務委員會的秘書。

　　從櫥窗陳列員，到在特區政府擔任行政會議成員，再走

1997 年 1 月獲委任為第一屆（1997 年至 2002 年）行政會議成員（後左三）

到國家層面，出任政協，又獲支持成為全國人大常委（詳見另一章），並不是因為我學歷高，而是可能勝在勤奮，把握每一個機會。古語有云：「讀書不成三大害」，我慶幸即使讀書不多，依然可以有所作為。年青人只要肯負責任，願意承擔，不「卸膊」，盡力完成每項工作，自然能取得人家的信任，當有任何工作時，別人便會記得你的好處，我正是這樣的人板。

成功男人背後兩個偉大的女人

　　有句俗語：「成功的男人背後都有一個偉大的女人」，我很幸運，一共有兩位。一個是我媽媽，另一位是我太太。

板間房變山寨廠

　　我爸爸行船，媽媽是外判車衣工。媽媽非常刻苦耐勞，記得當年爸爸失業，媽媽便利用我們住的 100 多平方呎的板間房，把所有牀搬走，放了四部衣車，爸爸負責熨衣服，有裁牀師傅，再加上男女車工，令板間房變成山寨廠，一家七口則搬上樓上閣仔住宿，無論食、玩、溫書或者睡覺，都在閣仔這小天地進行。童年時我住的地方雖然細小，但只要有機會到彌敦道逛逛，去荔園遊樂場玩玩，已經非常開心。

　　第二位偉大女士是我太太。人的緣分很奇怪，我太太

我的父親和母親

當時追求者眾，我只是一名打工仔，無錢、無樓、無車，但慶幸我們兩人志同道合。她是工會的全職秘書，由於大家都忙於工作，拍拖時間不多，間中能夠游泳和看戲，已很難得。當時內地流行革命樣板戲《智取威虎山》，為了學習電影中的英雄人物，我倆不知看了多少遍，終於在1974年拉埋天窗，以簡單旅行結婚的方式，共諧連理。

窮小子　趣蜜月

我們首先在《文匯報》登廣告，宣佈結婚，之後就旅行渡蜜月。70年代前期仍是內地文革時候，難以跨省旅遊，因此借助工會舉辦肇慶七星岩五天團的機會，由我和太太

兒時與母親合照

2016 年榮獲大紫荊勳章，與母親合影

在桂林旅行結婚

七星岩團合照

譚情說政 40 年 —— 從打工仔到全國人大常委

帶隊，然後待旅行團行程結束後，我和太太繼續蜜月旅遊，並幸運地走了多個地方，包括桂林、陽朔、西安、鄭州、杭州、上海、北京、天津等地，逗留大半個月，準備的旅費全都耗盡，需由朋友電匯金錢給我們，才能返回香港。

理財向來不是我的強項，也不喜歡處理錢財，出糧便把薪金交給太太，她便是我的財政管家。我無錢怎辦呢？就成為「伸手黨」向太太要，而我日常生活用錢不多，因此美國政府制裁我，起不了作用。

無殼蝸牛

很多事情我都走在前面，就如「無殼蝸牛」和「三無」──無錢、無車、無樓。結婚初期我和太太租了一個約 100 平方呎的板間房，由於白天工作，晚上很晚才回家睡覺，不煮食，包租婆很歡迎我們，但這地方只能臨時暫住。

當時我沒有想過要生孩子，但結婚不久，太太很快便懷孕，太太不能放棄工作，也沒有條件聘請傭工，母親也要工作，唯一辦法是把兒子交給託兒所看管，每個週日接他回家一次。兒子「好醒目」，週末過後，要送回託兒所時，我們一放下他想離開，他便大哭，真的很可憐。如果週六或日，倆口子都有工作，更加無法探望兒子了。

我和大兒子

四小口家庭合照

後來我們相當幸運，認識了一位朋友願意幫忙照顧兒子，並且騰出一間 80 平方呎的板間房給我們，房內可放置一張雙人牀，一個衣櫃，在牀尾架上一個類似燒豬盤的木盤，就是兒子的安樂窩。我們一家三口便搬到該處，地方雖然較之前細小，但卻每天可以見到兒子，是一個很好的安排。

英語世界嶄露頭角

立法局年代官員和議員都是精英份子，以英語主導，即使大家都是香港人，很多時候都以英語交談或者中英夾雜。英文不過關，有時候會出現尷尬的局面。

記得有一次被一所在離島的國際學校邀請前往演講，我依時到達，但當時才知道要全程說英語，只好硬着頭皮說了半小時的英語演講。

爭取兩次到海外學習

正所謂「書到用時方恨少」，所以我爭取各種學習機會。1982 年有一個機會來臨，是代表成人教育協會到澳洲國立大學延續教育部，進修「成人教育」課程。用英語學習困難不少，初時感到澳洲口音跟讀書時聽的不盡相同，幸好我在出發前，花錢買了一部小型錄音機，一次聽不明白便聽第二次，直到明白為止。

1982 年到澳洲進修（左一）

　　1985 年上半年第二次機會又來臨，我找到與工聯會稔熟的香港大學工商管理系教授伍錫康，安排我到倫敦政治經濟學院修讀為期一年的 Trade Union Study（工會學）課程，但我實在無法留下一年，最後獲准「度身訂做」修讀三個月。

　　其間也旁聽一個有關人力資源的碩士課程，我的課程導師是 John Kelly 博士，他與工會關係密切，亦與英國工黨甚為相熟。他為我編排學習及考察日程。以我有限的英文水平，來應付這次學習，實在深感吃力，但能力是迫出來的。

發揮「小宇宙」

　　面對一批傳統的工會份子,他們對我沒有歧視,做功課時,我更指出他們串錯字,他們也表示驚訝!經過三個月的學習,我希望取得證書,為確保我的能力達標,Kelly博士要求我交一篇報告,我最後成功取得修讀證書。

　　立法局雖然以英語為主,但我十分努力,逐漸地英文對我的工作來說已不構成障礙。我曾代表香港立法局出席英聯邦國會議員的交流會,會議在非洲坦桑尼亞舉行,會上我便以英文向各國議員介紹香港立法局的運作。

1989 年出席英聯邦國會議員交流會(右三)

第二章
「四大天王」

—

攝於民建聯 1995 年立法局選舉誓師大會（左一）

攝於民建聯 1995 年立法局選舉誓師大會（前排左二）

「四大天王」的誕生

　　要説「四大天王」，年青一代可能已經沒有印象，有印象的或許會想起，在 90 年代紅極一時，香港最受歡迎的四名男歌手，分別是張學友、劉德華、黎明、郭富城。我和三位在民建聯知名度較高的隊友，正準備參加 1997 年前最後一屆立法局選舉，傳媒便以「四大天王」作為我們的綽號，令我們「受寵若驚」。

　　1995 年立法局選舉十分矚目，不但因為是最後一屆的立法局選舉，也是首次 60 個議席全部由直接或間接選舉產生，當中地區直選共有 20 個議席，採用單議席單票制產

生，每區的候選人，只要在當區獲得最多票數便能夠勝出。民建聯是只成立了三年的新政團，自然落力派員參選，我們一共有七人參加分區直選。

參加直選的，當中包括「四大天王」：主席曾鈺成、我這位副主席、秘書長程介南及中常委陳婉嫻，依次參加九龍中、九龍東南、港島南和九龍東北地區直選。當年我的對手是民主黨的李華明。

雖敗猶榮

李華明是當區的現任立法局議員，競逐連任有先天優勢，但也有街坊指出他入局之後忽視地區事務，引起地區人士的不滿。由於觀塘是傳統愛國社區，工聯會本身也有很多會員居於這區，加上 1991 年在九龍東出選的侯瑞培因年事已高，不再參選，於是由我接棒，挑了這個選區「落腳」，可是最終仍是以些微票數敗給李華明。不過，我的得票率也高達 47.4%。

很多人不明白為何我要參加直選，只要留在功能組別，我必定能夠連任，何必自找麻煩，選一條辛苦的直選路？要知道當時民建聯剛成立不久，作為領導層，應該以身作則，參加直選，所以「四大天王」以及民建聯知名度較高的領導層，全都參加地區直選。況且我留在功能組別已經 10 年，有一定知名度，若能在地區直選勝出，便可以多增一個立法

協助市民登記求職

落區拉票

局議席，所以我決心落地區，接受直選的洗禮。

　　當年雖然最終敗北，我並未灰心，相反，分析得失之後，我認為，第一次參加直選，作為一名「新丁」，「空降」九龍東南，跟現任當區的立法局議員對決，輸也不足為奇，而且票數接近，已經十分難得。

焉知非福

　　那次直選，我不但爭取到經驗，也增進了與該區居民的關係。記得落區拉票時，街坊十分歡迎我，即使落敗，我到

在宣傳車與街坊握手

1996 年 12 月 2 日聯同一眾民建聯成員遞交臨時立法會報名表（前排左三）

民建聯臨時立法會議員合照（前排右二）

觀塘翠屏邨謝票時，拿着大聲公在街頭答謝街坊，在天橋上和路旁，有很多街坊站着向我揮手致意，場面至今仍歷歷在目，令人感動。

雖然要離開立法局，我也不見得失落，因為民建聯增加了六名立法局議員，都是「新丁」，於是由我負責向他們講解議事規則及如何與傳媒打交道。1995 年最後一任港督彭定康委任我為再培訓局主席，而且公務員事務科亦委任我為公務員薪俸及服務條件常務委員會委員，再加上我於1993 年已是香港特別行政區籌備委員會預備工作委員會成員，並於 1996 年過渡為香港特別行政區籌備委員會，我有幸成為當中的委員，為特區過渡事務作出謀劃。

由於立法局沒有「直通車」，為了順利過渡，要成立臨時立法會。1996 年底我和民建聯 17 名成員參加臨立會選舉，今次是由 400 名來自不同界別的代表選出臨立會議員，我更以 345 票，得票率達 86.3%，成為票王。

開荒牛

1998 年第一屆立法會對我別具意義，我又擔當「開荒牛」，轉戰新界西。當時考慮點是選區重劃，原先於 1995 年的九龍選區，包括九龍中、九龍東北、九龍東、九龍東南、九龍南、九龍西南和九龍西，在 1998 年合併為兩個大選區——九龍東及九龍西，我原本的九龍東南選區已併入九龍

穿上戲服粉墨登場，出席 1998 年立法會選舉競選宣傳活動

東，自然由 1995 年九龍東北的立法局議員陳婉嫻繼續留守較為合適。

新界西地方選區大，超過 200 萬名市民，而且有五個議席，民建聯上次並沒有派人參選，於是派我負責開拓這選區。九龍東南不少街坊和居民對我轉到新界西參選依依不捨，而我的對手更借機攻擊我，說我離棄觀塘區居民，「空降」新界西，而且今日可以離棄原有選民，他日也可以因應選舉形勢而離開新界西，譚耀宗並不會忠誠服務新西選民。

事實勝於雄辯

在民建聯多名新界西區議員、地區組織和義工協助下，我當時每天從早到晚走遍整個新界西，由葵青區、荃灣區、屯門區、元朗區，離島區，我都一一走訪，競選期間我差不多從來沒有回家吃晚飯，一有空便安排會見市民，年中無休，只為了解居民所想所需，為市民排難解憂，不少新界屋邨都留下我的足跡。

經過 1995 年地區直選的洗禮，令我學到如何爭取街坊的支持：真誠待市民，多聆聽多溝通，盡力為他們解決問題。久而久之，我在新界西亦獲得很多支持者，最終在 1998 年第一屆立法會選舉中勝出，到了 2000 年的選舉更成為票王。由 1998 年至 2016 年，整整 18 年來，我一直服務新界西居民，從無間斷，即使我不再是立法會議員，居民找我幫忙，我必定為他們解決問題。

不同形式的
選舉宣傳活動

歷次選舉得票

選舉	選區 / 界別	候選人	得票及得票率
1985-1988 年 立法局選舉	勞工界	譚耀宗	自動當選
1988-1991 年 立法局選舉			
1991-1995 年 立法局選舉			
1995 年 立法局選舉	九龍東南	譚耀宗	29,009（47.4%）
1998 年 立法會選舉	新界西	1 譚耀宗（當選） 2 梁志祥 3 周轉香 4 陳雲生 5 許昭暉	72,587（19.3%）
2000 年 立法會選舉	新界西	1 譚耀宗（當選） 2 鄧兆棠（當選） 3 梁志祥 4 周轉香 5 陳有海 6 歐陽寶珍	101,629（29.6%）
2004 年 立法會選舉	新界西	1 譚耀宗（當選） 2 張學明（當選） 3 梁志祥 4 歐陽寶珍 5 徐帆 6 陳恒鑌 7 老廣成 8 伍景華	115,251（24.9%）

（續上表）

選舉	選區／界別	候選人	得票及得票率
2008 年 立法會選舉	新界西	1 譚耀宗（當選） 2 張學明（當選） 3 梁志祥 4 陳恒鑌 5 龍瑞卿 6 梁嘉銘 7 老廣成 8 呂堅	92,037（23.1%）
2012 年 立法會選舉	新界西*	1 譚耀宗（當選） 2 龍瑞卿 3 葉文斌 4 巫成鋒	43,496（8.7%）

＊民建聯分拆三張名單在新界西參選

天王說天王

曾鈺成

譚耀宗比我年輕兩歲，但我很尊敬他。他為人老實，很有承擔，只要有需要便站出來，從來不為自己爭取什麼。

令人敬佩

最近的例子，就是 2022 年特首選舉，時任政務司司長

李家超參選，請譚耀宗幫忙，他二話不說便擔任他的競選辦公室主任，雖然為期不長，但也要付出很多精力和時間；到選舉結束，李家超順利當選，譚耀宗便功成身退，沒有為自己爭取這、爭取那。這風格令人敬佩。

我與他相識多年，緊密接觸就從籌組民建聯開始。他是民建聯創辦人當中唯一一位立法局議員。跟他拍檔十分舒服，因為交託他的事，他一定全力以赴，從不計較。

當年傳媒都估計，民建聯成立後，將由譚耀宗這位立法局議員擔任主席。但他是工聯會的領袖人物，我們有些人覺得民建聯應面向各階層，不宜由一位工會領袖當主席，結果選了我當第一任主席。譚耀宗對此不但毫無芥蒂，還盡力運用他作為立法局議員的身份，替我約晤政府高官，把我向他們逐一介紹。

嚴厲批評

我和譚耀宗來自不同背景，看法常有分歧，他對我十分包容、尊重。我記得他唯一一次對我的嚴厲批評，是關於2003年《基本法》第23條立法。當年爆發了「七一遊行」之後，我仍不斷在不同場合發聲，堅持立法有需要，引起了很多火頭。當時區議會選舉在即，向來少說話、多做事的譚耀宗，勸我不要再談23條立法，否則會拖累民建聯在區議會選舉的成績，我不同意，他便有點動氣。我沒聽他說，結果那次選舉民建聯失去了很多議席。

我為選舉失利請辭，由馬力接任主席，譚耀宗全力支持，完全沒有異議；到馬力病逝，大家推舉譚耀宗當主席，他也毫無推搪，說做便做；到李慧琼出任主席，他也說讓便讓。當立法會議員，他的議席最穩，但 2016 年新舊交替，他說退便退，絲毫沒有戀棧，實在令人欽佩。

譚耀宗說英語並不流利，但他在外籍人士面前不會因語言問題而怯於表達自己。我和他出席外籍人士的場合，看到他和對方溝通交流絕對無問題，令我佩服。

學習榜樣

我認為民建聯的年輕人，都應該學習「譚 Sir」的風尚：不為名、不為利，多想大局，克盡己任。

程介南

譚耀宗，我已認識他很多年，民建聯成立之前，1991年我第一次參加當時的立法局選舉，與他應該是「遙遙相望」，知道他當時是唯一坐在立法局開會的愛國陣營議員。當年對於他做立法局的「一人巴士」議員沒有什麼實感，到後來我自己進入了立法會議事廳，才體會到他回歸前一個人在立法局單打獨鬥，還要加入無數個委員會，可以想像是有多艱辛。

譚耀宗在民建聯早期被人稱為「四大天王」之一。其餘各位天王，陳婉嫻有鮮明的基層意識和立場，性格硬朗，

真女子。曾鈺成堅守真原則，才高八斗，思路敏銳，詞鋒犀利，雖千萬人吾往矣。而譚耀宗就是穩扎穩打，溫和得體，由於議會經驗豐富，所以通常指揮若定，做定海神針。至於我，靠些小聰明，敬陪末座湊數而已。

冷面笑匠

譚耀宗，不要看他平日沉實穩重，喜怒不太顯露，卻往往冷不防會爆出精句，令人忍俊不禁，刮目相看。記得有一次，努力回憶都記不起什麼場合，在眾人面前忽然他語帶雙關，冷峻地叫鍾樹根唱歌：就唱《把「根」留住》啦。大家印象中未見過他如此「抵死」。

譚耀宗從政 40 年，給人印象平穩順當，所有的攻擊詆毀、中傷誣陷，都彷彿與他不沾邊。他為人談吐穩陣得體，刀槍不入，與他本人一貫的大局觀及待人厚重有密切關係，真正做到「猝然臨之而不驚，無故加之而不怒」，絕對不會「匹夫見辱，拔劍而起，挺身而鬥……」，真大勇者。

譚耀宗為人忠厚隨和，人人都樂於與他結交相處。近年我在鳳凰衛視的對談節目，他是最多次上鏡的常客，與劉兆佳教授，還有講疫情的曾祈殷醫生並列三甲。譚耀宗逢請必到，永無「托手睜」，給足面子同交情。連演播室攝影師都讚：「真係唔話得。」

穩如泰山

譚耀宗，講了他這一大陣子，不妨數一數，我對他的形容和評價用得最多的字詞，就是一個「穩」字，應該可以用來做概括總結了。

陳婉嫻

我跟譚耀宗都是港九百貨商店職工會的會員，不但是在同一工會，並且是跟同一位師傅羅鵬，師傅的一句說話，我覺得很準確：挑選人才都要在大機構中選擇，因為視野寬的幹事很重要。

謙謙君子

如果要形容譚耀宗，他是謙謙君子，遇上任何事情，先考慮到其他人，為伙伴着想，甚少與人激辯，不會「去到盡」。

在當年依然盛行吸煙的年代，重建工人俱樂部及籌辦進修中心的時候，譚耀宗提出全面安裝冷氣，不少會員激烈反對，直言有冷氣之後，便不能在室內吸煙，說：「做勞工就勞工，搞乜學習。」譚耀宗的回應是「學習也是勞工的重要權益。」結果成功全面安裝冷氣。

他也重情重義，有一位前輩離世，由於議會工作繁忙，我未有出席，他倒反問我：「為何不去喪禮？」我們雖然有時意見不盡相同，但我很尊重他的為人。

公司管家

以民建聯主席來說，如果說馬力是秀才型，文質彬彬，譚耀宗就是公司管家，老實地看顧這個家，管理一個大的政團，如何在選舉中「插旗」、分配人手，令政團得益，他都做得很妥當。

還記得當年劉江華提出辦青年民建聯，譚耀宗與其他同事就放手讓他發揮。譚耀宗令到有才幹的人都能盡展所長，除了劉江華，記得當年也有一位青年律師被人挖角，但他堅拒離開，說要一直跟譚耀宗合作，由此可見其親和力實在叫人佩服。

建制派召開多黨派會議時，政黨內存在不同意見是正常，大家意見都不盡相同，又有政治矛盾，有時候也會針鋒相對，但譚耀宗總不會令人感到難受，過程中既尊重對方，也了解他人的需要。

他與我及鄭耀棠（工聯會前榮譽會長）是生死兄弟，在歷史過程中，互相成長，互相體諒。

「撞板」

不少友好都知道，我向來穩扎穩打，但其實都有「撞板」的時候。

熟悉我的朋友都知道，我相當喜歡唱歌，有空時便在

我排在右五

家中唱卡拉 OK，回內地工作時，大伙兒都會一起唱唱。
不過，當沒有卡拉 OK 設備，又要在舞台或街頭唱歌，那
就真考功夫了。

　　我向來節拍感很弱，記得有一次到觀塘翠屏邨探訪，
剛好有一班粵劇愛好者，有人拉二胡、有人彈秦琴、有人
「掌板」（為粵劇打拍子），大家見我前來，都嚷着叫我表
演，但我從未試過夾現場樂隊伴奏，師傅們都說不打緊，
會遷就，我只好硬着頭皮試試。不過，沒有卡拉 OK 入曲
的提示下，一曲《鳳閣恩仇未了情》，一開口便「撞板」了。

　　在曲藝界，有一個術語「撞板」，所指是拍子不對，幸
好大家都不介意。後來經歷一段時間，唱多了，慢慢便熟

現場和街坊「卡拉 OK」

於 2014 年
4 月 15 日
在民建聯
2014 籌款
晚會上獻
唱籌款

於 2016 年
11 月 21
日民建聯籌
款晚會上與
李慧琼合
唱籌款

與粵劇紅伶
蓋鳴暉合唱

出席 2021 年 12 月 4 日 Liza & Friends 摯友樂聚 III ― 香港中樂團籌款晚會，獻唱《大地恩情》及《漁舟唱晚》

悉起來，唱起來有板有眼，遊刃有餘。我認為，唱歌比演説更具感染力，唱歌令人家的印象更深刻，唱過之後，大家永遠記得你。

又有一次於社區中心，有一位女街坊是粵劇「發燒友」，不但喜歡唱歌，也很認真。她找我一起伴唱《帝女花之香夭》，並找人錄音，其後竟然出了一張光碟，封面更印上我倆的照片。她送我一張，我覺得十分難得，甚具紀念價值。

神奇眼鏡

我經過兩次白內障手術之後，800多度近視及散光消失，終於可以離開陪伴我數十載的眼鏡，但很有趣，我沒有戴眼鏡之後，很多街坊都無法一下子把我認出來，而我自己有時亦忘記了沒有戴上眼鏡，總是有想托一托眼鏡的習慣，結果「摸」個空。

既然戴着眼鏡較容易讓街坊記起，他們又認為，我戴上眼鏡較好看，我就配了一副平光鏡，但在眼鏡下半部加了少許老花度數，方便看些細字。

眼鏡已成為我個人的標記，然而外出旅遊，我都會除下眼鏡，希望沒有人認得是我，可以輕輕鬆鬆。

手術後沒戴眼鏡和街坊合照

第三章
工聯民建聯「神同步」

工聯會常務理事陳婉嫻（中）參加 1991 年立法局直選，我（左）和鄭耀棠助選

講起「神同步」，未必人人知道，這是源於一齣電視劇，講述兩個性格和身份不同的女士，可以在同一時間，以相同神態、語氣、動作説話。我與香港工會聯合會（工聯會）和民主建港協進聯盟（民建聯）就有着如此緊密的關係，即使是兩個不同的組織，有過緊張的關係，但大家始終是兄弟，和而不同，共同進退，互補長短。

　　要談我與這兩個組織的關係，先要了解兩個組織各自的背景。工聯會於 1948 年成立，是愛國的工會團體，有悠久工運歷史，帶領和代表工人的工會組織，是一個積極維護勞工權益、服務勞工的團體。我於 60 年代加入工會，由屬會會員再成為工聯會副會長，而民建聯的成立，則在 1991 年由五人小組開始籌組。

另起爐灶

　　當時我既是工聯會副理事長，也代表工聯會擔任立法局勞工界議員，為何又要另起爐灶，自行籌組另一個組織呢？又為何工聯會竟然支持我呢？

　　經過 1989 年六四事件，再加上 1991 年立法局選舉，三名愛國陣營的參選人：工聯會常委陳婉嫻、港人論壇主席程介南和觀塘民眾聯誼會會長侯瑞培全都鎩羽而歸，在在顯示需要一個集合各方愛國陣營的力量，籌組一個有參政議政能力的組織。

當時的愛國團體或親中組織，大家都有一個共同目標，要團結各方力量，在過渡期凝聚起來，所以不能只有工聯會，或者香港教育工作者聯會及中資機構，而是集合所有的團體，舉起愛國的旗幟，直接參與不同的選舉。

既然要籌組一個愛國愛港的政團，很自然便由我代表工聯會，因此我成為五人組成員，先行構思組織架構、章程、招收成員等準備工作。

五人組除我之外，還有教聯會兩位副會長曾鈺成和何景安、浙江興業銀行（現已併入中國銀行（香港））副總經理黃建源和《香港商報》總編輯馬力。其後完成「組班」工作，連我在內，共有56位創會會員。

放風人

在過渡期內，不同的政治團體和組織群雄並起，傳媒也不時打聽愛國團體有何進展。為了紓緩傳媒追訪的壓力，當籌組工作差不多完成後，因我作為五人組唯一的立法局議員，且與傳媒關係友好，於是便由我親自向傳媒放風。

在民建聯成立前夕，1992年4月我接受《信報》專訪，便說出這段說話：「我們要向人弄清楚，越親中的人對香港越有承擔感，對維持『一國兩制』堅定不移，對香港、中國最有利……組政團可培養參政、議政人才。因為要落實港人治港，首先要引發港人整體培養出治港精神；其次是培

養有承擔感的有心人，現時是缺乏這些人的。」

對於成立後是否稱為政黨，我們曾經考慮香港並無執政黨，要緊貼香港形勢，似乎用政團的名稱較為合適，所以民建聯以政治團體自居，代表基層和中產的利益，宗旨則是支持「一國兩制」、港人治港及維護《基本法》等。

你中有我　我中有你

1992 年成立的民建聯，當中便有不少成員來自工聯會，除陳婉嫻外，還有王國興、盧志強、陳榮燦、現時立法會議員陳穎欣的父親陳志光等等。工聯會前榮譽會長鄭耀棠在回顧工聯會的發展時，便曾說：「成立民建聯後，一些較敏感的政治性議題，將由民建聯去應對，淡化了工聯會的政治色彩；與此同時，我們又因應分區直選的需要，作出架構上的調整，成立地區服務處，加強地區網絡的建設工作。」

我擔任民建聯副主席時，同時也是工聯會副理事長，之後成為副會長，一直有參與工聯會的發展。當香港文職及專業人員總會（文專協）和其轄下教育工作人員總工會（教總）在推動會務發展工作的時候，我也積極參與，協助文專協購買新會所、設立進修中心，也有參加其理事會，商量會務發展；在教總則協助舉辦研討會、向教育局爭取官立學校教師權益等。

民建聯成立初期，都是服務基層和中產，所以工聯會和

民建聯創會成員於民建聯成立當天在香港文化中心外合照

出席工聯會的動員大會

民建聯兩者並沒有大矛盾，而且在勞工事務方面，民建聯會盡量以工聯會為主，加以支持。在選舉上，1998年和2000年首屆和第二屆立法會，不論工聯會或者民建聯雙方都合作無間。2000年身兼工聯會和民建聯領導層的陳婉嫻，便伙拍陳鑑林組隊，成功超越由司徒華領軍的民主黨名單的票數，成為當年的票后。

裂痕

大家合作一段長時間後，當民建聯發展為跨階層政團時，便開始出現意見分歧。民建聯作為一個政治團體，涉及的層面應該要闊一點，當年主席馬力希望推動成為跨階層政團，在立法會議事時不能不考慮全港各階層的整體利益，而勞工形象鮮明的陳婉嫻則認為此做法是違背了基層，及至有時候在立法會投票，遇到如「殺局」（廢除市政局和區域市政局）、足球博彩規範化等議題時，都要求豁免不跟隨民建聯立場投票。

雙方產生矛盾是在2004年的立法會選舉中，當年地區直選增加了6席，地區及功能組別各佔30席，九龍東是戰況最激烈的一區，因為由4席增至5席，而司徒華年事已高，決定退出是次選舉，「名嘴」鄭經翰因為封咪事件引起社會關注，欲參選分一杯羹，再加上民主黨李華明和四十五條關注組成員梁家傑，要取得司徒華一席及額外的一席，九

龍東更變得競爭激烈。

　　在以名單比例代表制的選舉制度下，要奪取絕大多數票才有機會讓名單首兩名代表進入立法會，否則只會浪費選票。眼見九龍東戰情緊張，在民建聯 2003 年區議會選舉大敗後，為確保陳婉嫻和陳鑑林可以雙雙連任，便把兩人拆成兩隊，而身兼工聯會副理事長的陳婉嫻也希望挾票后之名，在九東大混戰之中，嘗試爭取更多選票，帶徒弟、黃大仙區議員林文輝進入立法會，結果因為分成工聯會和民建聯兩張名單，爭拗由此展開。

　　選舉期間兩支參選隊伍經常傳出不和，亦互相指控對方搶票，在投票日更盛傳，有人勒令，指陳婉嫻吸票過多，要「過票」給陳鑑林，令陳婉嫻十分不滿，最後被視為較弱一方的陳鑑林名單，得票竟然高於陳婉嫻名單。陳婉嫻於 2004 年底便不再擔任民建聯中常委，淡出民建聯。

排難解紛

　　遇上陳婉嫻及陳鑑林的爭票，因我同屬工聯會和民建聯，自然感到尷尬。為免再出現「搶票」，希望劃區更清晰，令到每隊的助選團，只集中在自己劃分的選區內拉票，支持者也更容易理解，為何同是民建聯或者工聯會，要拆開投票給不同的代表。這個方法也是從對手學回來，因為在比例代表制下，爭取兩席，票數要求較高，但拆開之後，能夠過

2000 年立法會選舉我與鄧兆棠（左）在新界西雙雙勝出

關的機會便大一些。

我跟陳婉嫻身份類同，雖然都是兩個組織的領導層，但因為新界西選區較大，無論 2000 年還是 2004 年立法會選舉，都沒有出現分隊或者與工聯會對壘的情況，加上在工聯會長時間服務，我一度同時得到工聯會、民建聯、鄉議局和新界社團聯會的支持，在 2000 年更成為票王。

分手

2008 年是工聯會和民建聯正式在選舉上分道揚鑣的時期，時任工聯會會長鄭耀棠曾向傳媒表示，民建聯與港進聯

合併之後，須兼顧跨階層需要，不能單純關注勞工基層，而工聯會因要透過參加各級議會選舉，將勞工議題帶入議會，為「打工仔」謀福利，便於 2008 年起，直接以工聯會名義參選。

民建聯尊重工聯會的決定，大家沒有任何爭拗。首場我需要對壘的是打着工聯會旗幟的王國興，我身為民建聯主席並沒有尷尬，由於我的選區長時期在新界西，對自己充滿信心，不論是工聯會會員或者其他街坊，我都感受到他們的支持，所以沒有緊張，但助選團確實有些擔心，這也不足為奇。

再見亦是朋友

我與王國興更非敵對關係，兩人十分友好，拉票時盡量不會在同一地點出現，通常前後腳，我拉票兩句鐘之後，王國興的助選團又前來做兩句鐘。由於大家都想要多增議席，爭拗不單沒有意思，也令支持者「好難做」。

況且王國興當時的策略是爭取工聯會屬會的會員票，所以多數只去不同工會探訪，講解政綱，很少到「街站」拉票，他的宣傳重點目標明確：「催谷」工會票，請工會會員投票，而我主要靠街坊，再通過「街站」作宣傳。結果在新界西選區，我們都雙雙勝出。

後期我已經是工聯會副會長，也是民建聯的主席，直至 2009 年工聯會換屆，我年屆 60 歲，又擔任民建聯主席，工

我和王國興（前左二）一齊出席拉票活動

作相當繁忙，為免角色衝突，便完全退下來，為 30 年工聯會工作劃上句號，只保留普通會員身份，這轉變確實有點不好受，卻沒有捨不得離開。

一加一大於二

倒是由工聯會和民建聯同事一起組成的社區幹事要「分家」，大家都依依不捨，始終要返回自己所屬的組織，但當然再見亦是朋友。凡事不一定一是一，二是二，團結大多數，爭取大多數，自然可以發揮一加一大於二的力量。

回想從前，雙方的發展和決定都各有理由。工聯會累

積了一定的參選經驗後，希望能有代表專注於勞工事務，是可以理解的，而民建聯要代表香港不同階層的市民，自然要走跨階層的路線。雖然不希望大家分開，但明白分開之後，也許對大家都有好處，愛國陣營會因而更加壯大。

民建聯現時是香港最大政團，而工聯會則是最大的工會聯合會。民建聯現在有 1 名行政會議非官守成員、19 位立法會議員和 21 位區議員，繼續以民為本，以建設更美好香港為己任。工聯會現有 1 位行政會議非官守成員、7 位立法會議員、5 位區議員，在勞工顧問委員會中亦有 1 位代表，在各級議會中反映勞工基層聲音。兩個組織同樣服務社群，為香港作出貢獻。

我是「二五仔」

我雖然曾經同時是工聯會和民建聯的領導層，又是籌組民建聯的創始人，不過，我的會員編號不是 1、2 或者 3，只有「二五仔」的份兒，因為我在民建聯的會員編號是 55。

幸運的是從來沒有人質疑我對工聯會和民建聯的忠誠，我這兩個五的編號，就連自己也差不多忘掉。工聯會是沒有個人會員，以工會為單位，所以我從來沒有會員編號。在民建聯因為我是最初創會 56 人其中一位，為了安排會員號碼的編序先後問題，大家都主張應該採用姓氏筆劃數目來決定先後。

通常最少筆畫先行，民建聯 no. 1 便是文漢明，「文」筆畫不過是 4 畫，所以以姓氏筆畫排序，我就「唔著數」，「譚」有 19 畫，無論是英文 Tam 或者中文「譚」，先天都是排在後面。或許未來會有更新的做法，把最多筆畫的姓氏排先，我在民建聯便是名副其實的 no. 2，如今只好倒數排第二，敬陪末座。

我無做阿 Sir

曾有人半帶質疑問我：「點解叫你做譚 Sir，你又唔係教書？」我澄清只是傳媒和一些友好客氣，見我一把年紀，直叫名字不大合適，便稱呼我為譚 Sir。

大家都聽過前行政長官董建華（Tung Chee-hwa）因為無特定英文名稱，當說英語時，親友叫他 CH，而另一位前特首梁振英（Leung Chun-ying），也無英文名，於是叫他 CY。我也沒有英文名（Tam Yiu-chung），跟梁振英的英文名簡稱類同，應被叫 YC，但在香港卻鮮有人這樣稱呼我，只有時任香港經濟發展及勞工局局長葉澍堃稱我為 YC。

YC 已經是久違的稱呼，因為在海外念書時，教授及同學都這樣稱呼我。稱謂隨着年紀改變而時有不同，早期有叫我阿譚，也有叫宗哥，董建華、前特首曾蔭權都稱呼我為耀宗，後來又升級變成譚 Sir。

第四章
最大政團

民建聯籌組時，最初是 5 人，創始會員是 56 人，之後 5,000 人，現在超過 5 萬人，民主建港協進聯盟走到今日成為香港特區最大的政治團體，實在殊不容易。有一位美國選舉專家曾經這樣形容：「民建聯是一個有前景的政黨（DAB is the party with a future）。」後來這亦成為民建聯的口號。

執政黨

有人會問：既然是最大政團，民建聯為何不做執政黨呢？

按照《基本法》，在體制上香港特別行政區並沒有執政黨。雖然《基本法》並無明文規定行政長官可否屬於任何政黨，不過，《行政長官選舉條例》（第 569 章）第 31 條規定，當選人於當選後的七個工作日內，須要公開作出法定聲明，表明他不是任何政黨的成員。

另外，當選人須向選舉主任提交書面承諾，表明他如獲任命為行政長官，則在他擔任行政長官的任期內，他不會成為任何政黨的成員，或他不會作出具有使他受到任何政黨黨紀約束效果的任何行為。

政治團體自居

在民建聯內有意或有條件參選行政長官一職的，也只

有前主席曾鈺成，但最後他都沒有出選。也曾有人慫恿我參選，但我有自知之明，從來沒有想過參選行政長官。

我對執政黨的要求很高，就如中國共產黨。香港作為一個特區，也無法選出具有政黨背景的行政長官，稱為政治團體還是比較合適，因此民建聯一直以來都以政治團體自居。

記得民建聯成立初期，有一次曾討論過，要否朝着執政黨邁進。當時有很多不同意見，但若成立初期便公佈要做執政黨，只會被人揶揄夜郎自大，但要是要求民建聯全人朝此方向邁進，鞭策自己也無不可。

要達到執政黨的目標，我認為最少要做到如下三點：第一、有一批具管治能力的人才；第二、可以提出解決社會各種問題、具有質素的政策；第三、代表性要增強，成員是跨階層，不單有人才參與特首選舉，還有治理能力和水平，最後才能達到成為執政黨的目標。現時道路依然漫長。

三無

回想起在成立民建聯之初，困難重重，套用現今的說話，是名副其實的「三無」：無人、無錢、無會址。當時除了我這位立法局議員較有知名度，並有 10 位具區域市政局和區議會議員身份的創會會員，其他人包括主席曾鈺成都欠缺知名度，而且成員偏重基層，甚少專業和商界人士，只

黨主席交棒｜譚耀宗臨別吐言
籌謀八年｜冀民建聯執政

星島獨家

記者：林靄怡

民建聯四月選舉領導層，屆時譚耀宗將卸任正式卸任黨主席，他形容今次交棒如「媽媽生BB，自然順產」，早在八年前上任時已開始籌謀。「新官」將上任，譚耀宗冀民建聯能培養更多政治人才，特別是有水平、有能力擔當問責官員，甚至是特首的人才，向朝執政黨的目標進發。不過譚耀宗表明民建聯不會派人參選一七年特首選舉，至於會否支持特首梁振英連任，他就指待梁正式宣布參選後再作評估。

譚耀宗退下火綫，象徵民建聯第二梯隊正式接班人。但坊間都相信李慧琼接任主席毫無懸念，周浩鼎及陳克勤則是副主席的大熱人選，譚耀宗亦稱許：「我都覺得他們這批不錯的，就地區工作投入，有承擔，好有責任的。」他更特別點名讚揚李慧琼：「好似Starry，她十八區都主動去晒的，譬如幫梁（政改）諮詢全部她做的，她開十八次的。」

點名讚揚李慧琼

一向口密的譚耀宗當然把把點名是心水接班人。

譚耀宗不諱言，的確育養香心新一代「屋不住場」，要求他再坐一會，但第二梯隊不論在年齡和學歷上有優勢，在地區亦有親和力，笑言新主席可能表現更佳。但他坦言，民建聯接班比現時年齡斷層，「一是比比較後生，四十零、五十歲的相對比較少，一是最過六字頭，所以那裏差了少少，無辦法，因為當時的發展過程都有少少脫節了。」

為了確保接班順利，譚耀宗指民建聯穩實使區議員度，立法會選舉到黨內領導權換屆，都建立傳承制度，為應對於下的立法會選舉，已就行過程制度，就建總企人馬參選。不過在選舉黨內領層之時，譚耀宗直言仍有爭議。「我們是否都要劃一條綫，譬如你作為主席來講，最多三屆、四屆，然後就要應屆來第二個上，損了一輪後，是否能穩定死甚好呢？因為未嘗到彼人選時，誰性要做是否最好？」

擬建立傳承制度

民建聯作為立法會最大黨，譚耀宗坦言有意愿派人為不論區議會、立法會、行政或政府，都有民建聯人馬，民建聯理應派人參選特首，亦有力成為執政黨，他不諱言這也是民建聯的目標。然而，他認為民建聯始終不夠政治人才，「特別是可以去做政府架構做到事，的，如果不是個行政長官則我們找些局長、副局長，選擇不多，經常有些人才有水平、有能力。」

而到一七年特首選舉，譚耀宗指民建聯要派人參選有態度，笑言：「暫時醞釀，立場如說聲戒感，倘個話他好傻，他自己不育！」至於會否支持梁振英連任，他說回應：「他自己都未決定，我們何來會早過他決定，這也不合理，當他自己說，當他宣布了，我們再評估有哪些人比他更合適，有沒有這些人。」

2015 年 2 月 21 日《星島日報》

民建聯在傳媒見證之下成立

有醫生盧志強，律師梁愛詩、方和等。大家舉辦社區活動和聯絡街坊還可以，但對社會政策的論述卻不多。

我們資源也欠奉，初時入會費 1,000 元一年，但幾個月後，發覺 1,000 元入會費對基層會員來說，也是一個負擔，故此又調低至 200 元。當時的財政狀況真是「餐搵餐食，餐餐清」，通過籌募經費，勉強可以用來繳交辦事處的租金、聘請幾位全職職員，其他會員全屬義工，既無任何收入，更何來資源購買會址。

租用會址也不容易，本想在中環鄰近立法局找地方，但中環是高級商業中心，我們根本難以負擔租金，左思右想，結果就在灣仔軒尼詩道 139 號中國海外大廈，租用 24 樓 E 及 F 室兩個單位作為會址，面積 2,200 平方呎，呎租約 12 元。

民建聯成立大會原本在 1992 年 7 月 3 日舉行，但由於註冊手續遲遲未有辦妥，還要多方催促，但始終沒有具體日期何時完成註冊，也無法提前訂好舉行儀式的地點，成立大會結果要押後一個星期至 7 月 10 日舉行。在急就章之下，場地也只能租到尖沙咀文化中心音樂廳後台的休息室，面積不到 1,000 平方呎，酒會欠奉，只在傳媒見證之下成立。

初生之犢不畏虎

在 1994 年區議會選舉小試牛刀，民建聯獲得不錯成

績，當選率近 45%，於是又準備第一次參加大型的 1995 年立法局選舉。時任港督彭定康，沒有按照中英聯合聯絡小組與國家達成的協議，在「三違反」（詳見另一章）之下，擅自提出政改方案，導致「直通車」出軌。

民建聯應否參加由彭定康一手「炮製」的「三違反」選舉？經過一番研判之後，決定不放棄參選的機會，因此大家都「好博命」，磨拳擦掌，要「試劍」。正所謂「初生之犢不畏虎」，第一次打正親中愛國的旗號參選，得到各方支持，所以由主席曾鈺成、副主席我譚耀宗、秘書長程介南及中常委陳婉嫻等 14 人齊齊參選，其中 7 人參加直選，完全心口掛個「勇」字，從未「驚」過。不過，回想起來，我們既無直選的經驗，知名度亦不及對手，落選是自然不過。

臨近選舉更被傳媒「爆」出，主席曾鈺成家人移民的消息，作為副主席，我亦是後來才知曉，對初成立的民建聯來說，實始料不及。對手攻擊民建聯打着「留港建港」的旗號，主席卻舉家移民海外，並以「太空成」揶揄曾鈺成。

拆解危機

「解鈴還須繫鈴人」，曾鈺成要求一力承擔，大家都認同由他自行公開交代，他亦即時向傳媒解釋箇中原因，當他決定留港之後，家人依然選擇繼續辦理移民手續，並無蓄意隱瞞。面對惡意的攻擊，選舉落敗已是意料之中，但民建聯雖

民建聯 1994 年區議會選舉誓師大會

陳婉嫻在 1995 年立法局選舉中勝出

敗猶榮，當年得票率有 42.36%，對於成立只有三年的政團來說，已是相當不錯。

結果 1995 年立法局選舉，民建聯於直選有 2 人當選，另外 4 人循功能組別和選舉委員會中勝出，共有 6 人入局，是立法局內第三大政團。末代港督彭定康推行的政改方案，違反了中英兩國過渡安排協議，1995 年選出的立法局議員不能直接過渡，臨時立法會由是而生，民建聯也派出 18 人競逐臨時立法會，結果有 10 人當選。

1997 年回歸之後，不少人認為，形勢不盡相同，民建聯愛國愛港陣營應該可以壯大，確實大環境有轉變，氣氛也不一樣，變得更為理性。在 1995 年選舉失利之後，民建聯在地區的工作也變得更踏實，關注地區民生，差不多每區都成立了民建聯的支部。

直至過渡 1998 年第一屆立法會選舉，立法會選舉制度改為名單比例代表制，民建聯派出 20 人參選，分成 5 張名單參加直選，另外有 7 人參與功能組別及選舉委員會界別選舉，而早在選舉前半年多，民建聯已成立選舉統籌小組，全面指揮和策劃整個選舉，但選舉結束後的民調，預測曾鈺成在九西落敗機會很高，秘書長馬力更建議曾鈺成準備落選講話，大家內心極為不安，直至翌日清晨，點票結果是曾鈺成勝出，大家興奮莫名。

空前勝利

民建聯取得空前勝利，不但「四大天王」全都能夠進入立法會，在直選的 5 個選區，每區都取得一個議席，連同功能組別，一共取得 9 個議席，維持香港第三大政團的地位。

到了 1999 年的區議會選舉，民建聯的聲勢更加一時無兩。在 1998 立法會選舉結束之後，便成立 4 個新地區支部，合共有 16 個地區支部，以及 124 個地區和議員辦事處。今次再下一城，派出 176 位成員參與區議會選舉，結果83 位當選，當選率有 47.2%，而得票率更達 45.3%，首次突破泛民與建制派的 6：4 比例，再加上委任區議員的議席，

與新界西參選隊友攝於 1998 年立法會選舉誓師大會（中）

民建聯共有 94 位區議員，第一次成為區議會內最大的政團。

能夠大勝，除了重視每個選區，更重要是能為街坊服務。反對派憑着政治明星，講政治議題，但未必能為街坊爭取權益，為居民排難解憂。很多人質疑民建聯因為資源充足，就不斷「蛇齋餅糭」，收買人心。事實上，我們資源有限，給街坊及長者多是一點心意，而他們亦着重是否真心，只要有心、誠心服務市民，才可以爭取到街坊的支持。

12 級颶風

當以為一切順風順水時，到 2000 年立法會選舉，又出現程介南事件，我不禁要問為何每次選舉前夕都出事？為何如此命途多舛？我當時這樣形容，這是 12 級颶風，對民建聯的選情是重大的打擊。報紙鋪天蓋地天天報道，更有報章以「民建聯真誠騙香港」為頭版頭條，極盡抹黑。

在選舉前約兩個多星期，有報道指控程介南以權謀私，利用其名下公關公司，借助立法會議員身份取得的資料圖利。民建聯並沒有因此與程介南割席，常委會決定交由紀律委員會處理，亦強調程介南沒有在立法會及民建聯為其客戶或任何財團進行游說，在議會的任何表決中，均是依從民建聯的立場，從未要求豁免。

可惜事件一發不可收拾，程介南最後宣佈辭去民建聯副主席的職務，並同時結束兩間顧問公司的業務，而中委會

1998 年 5 月 26 日《經濟日報》

民建聯 1999 年區議會選舉誓師大會（後排右一）

與新界西參選隊友攝於 2000 年立法會選舉誓師大會（後排左二）

除了強烈譴責他，也接納其呈辭。選舉日接近，選舉條例規定，參選人在報名後不能退選，當時不但影響程介南及其拍檔蔡素玉在港島區的選情，就連其他各區都受到影響，選舉工程一度停止了近一星期。

為了應對危機，民建聯召開不同層級的會議，分別向政團內及助選團成員和義工交代。有危亦有機，在強烈的危機感下，大家更加團結，要努力呼籲投票，同時決定在維園召開「萬眾同心，勇戰風雲」的萬人動員大會，當晚場面十分感人，程介南聲淚俱下，承認自己錯失，呼籲選民不要離棄民建聯，大家互相擁抱、一同喊口號，士氣激昂。

2000 年 9 月 2 日晚，民建聯在維園舉行「萬眾同心，勇戰風雲」大會

轉危為機

　　當時再無刻意評估選舉的結果，大家一鼓作氣，只知要「谷票」。選舉結果有驚無險，在港島區的 11 張參選名單中，除了程介南一席，民建聯成功保住排第二的蔡素玉。五個地方直選選區，民建聯全部都有一至兩人當選，我和陳婉嫻更分別成為「票王」和「票后」。

　　整體得票率，民建聯得 29.7%，比上屆 25.2% 有增長，取得 11 個議席，成為第二大政團，算是成功轉危為機。選舉過後，程介南主動辭去在民建聯所有職務，亦向立法會請辭，放棄議席，同時辭去所有政府公職，事件終告一

段落。

2003 年區議會選舉前夕，特區政府發表《實施基本法第 23 條諮詢文件》，民建聯與 26 個團體發起成立「支持立法保障國家安全大聯盟」，在 2002 年底在維多利亞公園舉行大集會，有 4 萬多市民參與，又發起簽名運動，收集到 12 多萬個簽名。

主席請辭

不過，由民主黨及多名大律師組成的 23 條關注組（公民黨前身）卻借機大肆抨擊，形容 23 條立法是「頭上一把刀」，民間人權陣線（民陣）又發起大遊行，再加上 2003 年「沙士」，市民不滿政府處理疫情，民陣其後發起七一遊行，聲勢浩大，結果支持 23 條立法的民建聯成為眾矢之的，即使特區政府多番解釋及作出讓步，最後更擱置立法工作，民建聯在當年的區議會選舉依然大敗，更導致主席曾鈺成辭職。

或許當時太過大意，以為涉及國家安全，人人有責，竟沒有預料影響之深及廣。當特區政府收回條例，社會似乎已平靜下來，因此我們並沒有重新評估，繼續採取能出盡出的策略，結果誤判民情。曾鈺成堅持 23 條立法正確，在媒體追擊下表示，若今次區議會選舉成績差，他會考慮引咎辭職，結果一語成讖。

2003 年 11 月 15 日於九龍公園舉行造勢晚會

　　民建聯有 206 人參加區議會選舉，只有 62 人當選，較
上屆大跌近兩成，而且 6 位參選區議會的現任立法會議員
中，竟然有半數落敗，包括葉國謙、劉江華和楊耀忠。最後
曾鈺成請辭，不少人以為我會取而代之，但結果由幕後的馬
力走到台前，亦為民建聯帶來新氣象。

　　雖然外界一致看淡民建聯，甚至有報章大字標題報
道「民建聯玩完」，但在路向營上大家痛定思痛，重新檢

2003 年 12 月 9 日馬力接替曾鈺成成為民建聯第二位主席

與新界西參選隊友攝於 2004 年立法會選舉誓師大會（右三）

討 2003 年區議會選舉敗北的情況，發現民建聯由於參選人數多，所以取得票數有 24.6 萬，較上屆實際上多逾 5 萬票，比民主黨多近 3 萬票，議席卻比民主黨的 95 席要少。

其實很多地方只是輸一點點，大家認為「在那裏跌倒，就在那裏站起來」，危機感愈強，團結力量愈大，加上「沙士」影響消退，經濟好轉，以及「鐘擺效應」，選民可能對於過度政治化口號感到厭倦，於是民建聯又創下 2004 年立法會選舉的佳績，取得 12 個議席，成為立法會最大的政團，反而民主黨由 12 個議席跌到只有 9 席，議席總數下跌至第三位。

最大政團誕生

民建聯沒有因此而自滿，反而更加努力。馬力為民建聯發展定下更具體的目標，不但要成為跨階層政團，更要求做萬人政團。由於 2004 年立法會選舉取消了選舉委員會議席，地區直選與功能組別各佔 30 席，香港協進聯盟（港進聯）雖然暫時失去立法會的議席，但長遠來說，既然都是愛國組織，港進聯主要成員都是工商專業人士，民建聯亦想當跨階層政團，增加專業人士的加盟，民建聯與港進聯合併共贏是一條出路，於是大家一拍即合，於 2005 年 2 月正式合併，成為現時的「民主建港協進聯盟」。

合併之時，共有會員近 2,100 人、1 名行政會議成員、12 名立法會議員、90 名區議員及超過 120 名選委會成員、36 名全國人大及全國政協，成為香港第一大政團。30 年後，民建聯有會員 51,653 人（截至 2023 年 6 月）、1 名行政會議成員、19 名立法會議員、21 名區議員、7 名港區全國人大、9 名全國政協及 9 名問責官員，依然穩守第一位。

2005 年，民建聯與港進聯合併

兩政團聯婚秘史

民建聯與港進聯「拍拖」時間雖然不長，但情投意合，談不上「閃婚」，卻不出一年就結婚。不少人喜歡問是男追女，還是女追男。在民建聯與港進聯合併的聯婚上，民建聯很幸運，先獲得港進聯的青睞。

兩個政團政治立場一致，愛國愛港，支持政府依法施政，港進聯是以工商界及專業界人士為主，而且有不少會員是人大代表、政協委員、港事顧問和區事顧問，再加上在臨時立法會內大家是同僚，彼此合作無間，建立了深厚感情。

地下情

由於 2004 年立法會選舉取消了選舉委員會界別的議席，以選委會議席為主的港進聯，要一下子轉到直選或功能組別也不容易。剛巧兩政團都有共同的意向和理念，互有需要，商討過程十分順利，只要商談政團的名稱更改和組織架構的安排，並無一般情侶的反反覆覆，也沒有家長的阻撓，很快於 2005 年 2 月 16 日，大家便結成秦晉之好。

兩個政團雖然涉及很多人和事，但大家並沒有「拗撬」，很快便融入，原港進聯副主席譚惠珠也成為民建聯新任副主席，原港進聯監委會主席楊孫西便成為民建聯的監

委會主席，而原港進聯主席劉漢銓則獲聘為民建聯新設的會務顧問。

一家親

　　融入後一段時間，雙方亦沒有爭做政團內重要職位，或因為出選立法會而產生爭拗，正如我曾經在合併後說，港進聯兄弟姊妹不單只是「一家親」，更積極參與中委及監委工作，我當時已說：「他們都是有份量、有地位的人物，絕不是靠民建聯為他們做什麼，而是共同參與、推動會務，非常之好。」

親中是票房毒藥嗎？

　　猶記得 1997 年過渡之前，1991 年首次立法局直選，3 名傳統愛國力量參選人陳婉嫻、程介南、侯瑞培均告敗北，有人認為「親中是票房毒藥」，反對派更揚言：「拖隻狗都贏你吔。」我當時真的很氣憤，為何親中就有罪，就變成毒藥？

　　1991 年時曾鈺成已表明，這種想法不正確，那時選舉制度是「雙議席雙票制」，只要掛着政團名號或者有政治明星推薦，便可以獲得一定選票，而我們三位候選人共得約 10 萬票，反映支持愛國理念的人也不少，只是未有充分動員起來。

1995 年立法局選舉，外界雖然批評，「四大天王，三個折翼」，我當時曾表示，在選舉前已知道難度高，説我們親中是票房毒藥，我們沒有害怕失敗而退縮，而且是正副主席、秘書長一起上，給人一種有承擔、有勇氣的印象。我們努力打選戰，贏得了市民的支持，輸也只是輸幾個百分點，是輸了議席，但卻沒有輸掉選區。

無皇如何保

無論過渡期之前或之後，親中都被視為盲目保皇，在 2003 年「沙士」及區議會選舉，那些反對派又以踢走保皇黨為口號追擊民建聯，我理直氣壯反問他們：「咩係保皇，香港邊個係皇，無皇點樣保？」逐漸地，保皇、親中的字眼，便改變為今日的建制派。

民建聯高舉愛國愛港旗幟，向來是其是，非其非，協助及監察政府，儘管輸掉選舉，也繼續支持香港特區繁榮穩定。愛國不但非票房毒藥，今時今日更加是參加各級選舉的入場券。

第五章
臨危受命

馬力遺體運返香港

「這次為何要承擔呢？因為難以推搪，常委會要求我主持大局，我也不想在此時候不尊重大家的意見，所以我接受了。」這段說話依然縈繞在心間，我成為民建聯的主席，兌現了對馬力的承諾，繼續履行民建聯的使命。

當仁不讓

第一次我婉拒擔當主席重任，其後由曾鈺成出掌；第二次我也義無反顧支持馬力出任，可惜天妒英才；第三次我當仁不讓，不再推辭，背負主席的重任。我當選後公開表示：「決心盡我所能，努力實踐馬力的遺願，把民建聯壯大。今後我們會繼續積極參與各級選舉，服務市民，把民建聯的理念發揚光大。」

馬力患上結腸癌，在廣州養病已經有一段時間，除了立法會工作外，其他會務工作由我兼任，希望減輕馬力的負擔，令他安心養病。曾有一段時間，馬力的治療取得進展，但想不到卻突然離世。

記得 2007 年 8 月 8 日收到馬力病危的訊息，我和葉國謙便馬上驅車趕到廣州中山大學附屬腫瘤醫院探望，還未及見他最後一面，途中便收到他過身的噩耗，匆匆趕到醫院，對着他的遺體，我和阿謙都承諾，一定會將民建聯做好，請他放心。

當時民建聯的副主席除了我，還有葉國謙、劉江華和

為馬力扶靈（左二）

2007 年 8 月 28 日，我在當選為民建聯第三位主席後會見傳媒

蘇錦樑，不過，因為劉江華和蘇錦樑加入民建聯的時間較短，葉國謙的議會經驗尚淺，創立民建聯的副主席只剩下我一人，加上我在馬力染病期間，一直協助處理其主席的工作，於是順理成章，獲大家支持，成為民建聯新任主席。至於我工聯會副會長的身份，隨着工作增多，我亦到達 60 歲之齡，便主動提出離任。

第一項挑戰

我臨危受命的第一項挑戰，便是 2007 年的區議會選舉。經過 2003 年的慘痛教訓之後，實在不希望重蹈覆轍，所以做足準備，不容有失。當時「沙士」疫情已過，而 23 條也擱置立法，社會比較平靜，但我們的危機意識卻更強，也更團結。我們於尖沙咀星光大道舉行「踏實每一步，步出星光路」介紹參選人，口號是「實事求是，為您做事」。

吸取過去太多人參選、分散資源的教訓，今次較上屆 206 人參選減少約 15%，只有 177 人參選，結果民建聯成功取得 115 個議席，當選率達 65%，較上屆大增 35 個百分點。當年其中一位敗北的葉國謙，更成功藉着「在那裏跌倒，就在那裏站起來的精神」，堅持服務社區和市民，重返區議會。

緊接着區議會選舉，便是 2008 年立法會選舉，被視為我擔任主席後的第二場選戰。當時形勢相對穩定，公民黨

2007 年 8 月 26 日與民建聯成員舉行「懷念馬力 打贏選戰」集會

2007 年 9 月 30 日,民建聯 2007 區議會選舉候選人在尖沙咀星光大道亮相

民建聯 2007 年區議會選舉誓師大會

2008 年 8 月 3 日在中環遮打花園舉行 2008 年立法會選舉誓師大會（後排左三）

報名參加 2008 年立法會選舉

2012 年立法會選舉新界西團隊誓師大會（左一）

2012 年立法會選舉取得 13 席

譚情說政 40 年 —— 從打工仔到全國人大常委

雖剛崛起，但我在 3 月路向營後提出，力保 12 席和提拔新人的目標，結果都成功達到，共得 13 席，繼續保持立法會第一大政團的地位。

不過，到 2012 年的立法會選舉，由於立法會議席由 60 席增至 70 席，地區直選由 30 增至 35 席，我覺得可以更進取，不再如過去般，由一個明星帶一個新人的「1 拖 1」做法，來來去去都是「四大天王」帶新人，可能分隊出選更有勝算和把握。

基於採用名單比例代表制，以名單得票比率分配議席，當名單得到某選票比率便可以穩奪一席，當名單未及該比率的門檻，便以最大餘額來計算，最多票的名單取得剩餘議席。

吸取對手的做法，並分析過去兩次的立法會選舉，只要票數分配合適，未嘗不可坐二望三。由於新界西增加了一席，我亦先由自己新界西選區做起，把過去一隊取兩席的方式，改為分三隊，分別由我、梁志祥和陳恒鑌各擔大旗。梁志祥和陳恒鑌都欠缺全新界西的知名度，於是各自留在所劃分的區內拉票，而我比較出名，於是決定在拉票期間，大力呼籲選民支持同區的梁志祥和陳恒鑌。

最難忘一仗

當年選舉十分流行滾動民調，以了解選民每天的投票

意向。初期的民調曾顯示，我的名單取得最高 17%，而法定當選門檻只要 11.1%，而且有 10% 已很安全，排在我後面的龍瑞卿似乎也有望入局，但擔心的是民調前列位置一直看不到梁志祥及陳恒鑌的名字。臨近投票日，民調結果顯示，三隊成績可能都不足以取得一個議席，我只有 7%，而梁志祥和陳恒鑌兩人各自只有 3% 支持。

在投票前兩天，三隊人馬共商對策，為了不會全輸，力保兩席，便決定「保」年紀較大的梁志祥，而陳恒鑌還年青，仍有機會，於是想勸他「收韁」，放軟手腳，減少宣傳，全力催谷梁志祥，但這樣的安排，陳恒鑌的團隊又那會甘心？

我當時心想，不能採取棄保策略，否則後遺症很大，一定要「力保」他們兩人，因此我在各個競選論壇上都呼籲投票支持梁志祥和陳恒鑌，都只為他兩人拉票。投票當日我一直擔心一席也不保，選舉結束之後，我和團隊在屯門大會堂「收工」，電視台想追訪我們，指出民調顯示全軍盡墨，我會輸。

我心想，還沒有開票，仍未揭盅，便咒我輸，故不加理睬，打算休息一會兒後，再到亞洲博覽館等候點票結果。拖着兩個隊友分隊上陣，陣前要放棄任何一隊是何等困難。當我聽到三個都能當選，當時真的很激動，淚流滿面。

這仗也是我最難忘的一次，當時原屬港島區立法會議員的公民黨余若薇，夥拍黨友郭家麒「空降」新界西，並由她排在第二位，力谷郭家麒入局，結果他們的名單在新西得

新界西全取三席,喜極而泣(圖片來源:央視網)

到新界西向選民謝票時接受採訪

呼籲市民簽名支持「還路於民，恢復秩序，維護法治」簽名運動

票最多，但因為吸票過多，又不足以多取一席，不但余若薇落選，也令民主黨李永達和陳樹英雙雙落敗。我們三隊卻分別以四萬多票和兩隊三萬多票取得三席。這是我擔任主席以來，贏得最漂亮的一仗。

選舉總提心吊膽

回顧領導民建聯八年的點滴，每次選舉總是提心吊膽，任何特區政府處理不妥的措施或政策，都總轉嫁到民建聯身上，風平浪靜的日子，着實不多。

幸好擔任主席以來，大環境也算穩定，只是 2014 年遇上「佔領中環」。人大常委會於 2014 年通過《全國人民代表大會常務委員會關於香港特別行政區行政長官普選問題和

2016 年立法會產生辦法的決定》（「8.31 決定」），充分體現中央讓香港實行雙普選的最大誠意，有清晰的時間表和路線圖，以解決政改爭議。

有了「8.31 決定」後，民建聯有機會站在道德高地，可以理直氣壯辯論普選。雖然方案被反對派扭曲為「假普選」，更有激進的人士衝擊社會，佔領中環，造成萬劫不復、一發不可收拾之勢，但就連反對派也始料不及，激進行動完全失控，先佔據中區及鄰近地區的主要道路，及後蔓延至旺角和銅鑼灣，由於癱瘓了往來交通，嚴重影響市民日常生活，社會也無法接受，民怨沸騰。

民建聯發動「還路於民，恢復秩序，維護法治」簽名運動，九日的行動，累計取得 183 萬名市民簽名支持。最後在法院頒發禁制令之下，佔領行動終於在 2014 年年底結束。2015 年區議會選舉，民建聯的當選人數有 119 人，當選率維持接近七成。

最遺憾一次

八年任期也不無憾事，最大的「甩轆」是 2015 年支持雙普選的等埋「發叔」事件，也是幾十年以來從政生涯的憾事。在政改表決當天，因為希望讓抱恙的鄉議局主席劉皇發能趕及返回立法會投票，於是建制派以拉隊離場的方式，令會議因人數不足而延遲投票。

可惜事與願違，因為事前未有完全互相通報，部分建制派議員並沒有離開會議廳，會議繼續舉行，本來應該有 40 多名建制派議員支持政改方案，雖然未達立法會三分之二的要求，但也不會只有 8 票支持，28 票反對，令政改方案在大比數下遭反對派否決。事後總結，我未能阻止這一突發性的行動，令到支持者失望，真的要深刻檢討。

成功之道

相比曾鈺成足智多謀，馬力文壇才子，這些都是我的弱項，但我亦仿如「萬金油」，不花巧，卻十分實用。很多社會民生議題都有如「頭暈身熱」，「萬金油」都幫到手，我確實沒有漂亮的「soundbite」(精警句)，不會語出驚人，但大家都認同我甚少講錯說話，亦具有親和力。

八年主席任內並沒有太大的驚濤駭浪，我經常覺得我只是個平庸盡責的人，但也由於處事不會情緒化，相對平易近人，這也許是我成功之道。除要做好地區工作，接觸不同市民，為民建聯打好地區工作的根基，我亦銳意培養政治人才，建立了完善的接班升遷制度，任內八年可說是一段相對穩定、向前邁進，令民建聯步向年青化的時期。

民建聯一雙腿

我曾經說過，我是民建聯的一雙腿，因為我不斷四處跑，努力去追，追求我們的目標。要推動民建聯的工作，我決定加強與內地的溝通、合作和聯繫。若不幸遇上內地的天災，我都會主動發起籌款活動，而且把民建聯內的全國人大和政協組織起來，加強合作，就內地與香港特區事務提出各種提案和建議。

由於東莞擁有大批港商、台商和外商，我們曾在東莞設立民建聯東莞服務中心，令香港專業人士在東莞有一個落腳點，他們可以免費使用民建聯設立的寫字樓。中心不時舉辦研討會、見面會、出版刊物介紹服務內容，為專業人員拓展珠三角業務。

我除了關心內地的發展，我在 2012 年帶領民建聯的立法會議員，利用暑假立法會休會期間，到外國考察和聯絡當地華人華僑團體，接受當地報章、電台、電視的採訪，宣傳香港的最新情況，介紹政改方案。我們分別去到新加坡、美國東西部、加拿大等國家，對外宣傳了香港，宣傳了民建聯。

2013 年 8 月出席在多倫多
舉行的記者會

2013 年 8 月，拜訪加拿大
中華會館

2013 年 8 月出訪加拿大，與中國
駐溫哥華總領事劉菲會面

2013 年 8 月，訪問加拿大中文電台

2014 年 7 月訪美，出席美東華人社團座談會

2014 年 7 月，與舊金山灣區各界華人領袖會面

第六章
薪火相傳

與民建聯創會主席曾鈺成（左）、第四位主席李慧琼（中）合照

或許正如我的名字「耀宗」一樣，除了光宗耀祖，更重要是傳宗接代，令到民建聯可以承傳下去，繼續發揮愛國愛港、以民為本、建設更美好香港的精神。

2012年萌退意

早在2012年立法會選舉時，我已萌生退意，當時已經63歲，我不希望離開時，仍未找到合適的接班人，民建聯亦已成立20年，是時候更換新世代。

民建聯也曾討論過，是否應就主席任期制度化，規定連任一段時間後，便必須退下來，以免主席之位變成終身制。經過商討之後，大家認為，既然章程並無限制，便不應硬性規定，令留任年期失去彈性。

我一直認為，在擔任領導職務時，第一時間就應該物色接班人，如有人勝任，便應該扶持新人上馬，讓他更早得到鍛煉，眼見新人輩出，我最高興不過。

在尋找人選時，我曾經找過劉江華，他表現出眾，無論是「度竅」、地區事務議題、對答和辯才，都有過人之處，可惜他並不願意擔此重任。他認為自己原先是港同盟，之後在公民力量，在民建聯時間畢竟較短，並不合適。我了解過後，也不想勉強他。

眾裏尋她

現任主席李慧琼也是合適人選，她最初於 2004 年參加立法會選舉，在曾鈺成的名單內排第三，在四年後第二次參加立法會選舉已獨挑大樑，自己領軍，而且旗開得勝，自始也從未敗陣。

我認為，她是專業會計師出身，又是女性，應該可以吸納更多中產和專業人士加入民建聯，而我出身基層，有局限性，她出任主席對民建聯發展也有幫助。在 2012 年我便跟她談過接任的安排，只是她強調個人歷練不足，希望等多一兩屆才接任。

由於早已做好思想準備，在 2012 年立法會地區直選，我們在新界西意外地連奪三席。我當時已在思量，只要志祥（梁志祥）和 Ben（陳恒鑌）在地區和立法會上有表現，地區工作便可以交棒給他們。

讓位扶持新人

要知道，上次是反對派配票失敗，我們要再次在新西選區取得三席並非易事，我若留下來，他們未必能再雙雙勝出，所以我已做好退的準備，只是不希望太早公佈，令到他兩人和選民都感到失望，在選舉策略上，也不適宜讓對手可提前部署。

直至報名的一刻，我才告知公眾，我退下來，由年青一代接棒，這樣既不影響選情，也無礙地區的發展，可以穩定軍心。

直至 2015 年民建聯中委（現為執委）和常委換屆，李慧琼準備好承擔主席的位置，我在地區也有接班人，便可以安心退下來。2016 年立法會換屆選舉時，當時確實有要求我繼續留在立法會，以起穩定作用，但所有選區已安排人選，我實在不願意影響新人上位的機會。

成立青年民建聯

解決主席和地區接班人的問題固然重要，但我早有部署，要積極吸納更多年青人才，參政議政；要提拔年青人，才能令民建聯發揚光大，服務市民。2004 年民建聯作了一個重要決定，把原有的青年小組升格為青年民建聯，可以財務獨立，方便他們展開活動，更可以有自家的平台，讓他們參政議政。已退出民建聯的律政司副司長張國鈞、現任立法會議員周浩鼎，都曾任青年民建聯主席。

青年民建聯定下的入會門檻是 35 歲以下，當他們超過 35 歲，又可以成為民建聯的新力軍，從中發掘人才，民建聯也為此成立了政策副發言人制度。年青人最初欠缺知名度，在吸納之後，若沒有發揮機會，便會逐漸失去興趣和動力，現時青年民建聯內設有主席、副主席及自己的班子，自

行制定活動項目，並且經常到不同政府部門及公營機構了解其工作，對日後培育年青一代，很有幫助。

政治專才培訓

民建聯在事隔七年之後，於 2007 年 12 月底至翌年 4 月，與上海中國浦東幹部學院、香港大學專業進修學院及英國劍橋大學合作，再舉辦「政治專才培訓計劃」，希望學員能做到「心繫家國，放眼天下」。

那次培訓班有 40 人參與，全都在 45 歲以下，具備大專以上學歷，不少人日後亦成為民建聯的接班人，出任立法會

與 2021 年清華大學高級公共管理碩士班畢業同學合照（前排左一）

2007 年民建聯舉辦「政治專才培訓計劃」，學員分別到上海中國浦東幹部學院
及英國劍橋大學上課

「政治專才培訓計劃」在 2008 年 4 月舉行結業禮

議員，或者出任政治任命官員，比如主席李慧琼、副主席、立法會議員陳學鋒、立法會議員劉國勳、陳恒鑌、律政司副司長張國鈞、教育局局長政治助理蕭嘉怡和民政事務局前局長徐英偉。

師徒制

李慧琼經常被視為曾鈺成的徒弟，顏汶羽則是陳鑑林徒弟，而 Ben 陳恒鑌就是我的徒弟，主要因為立法會選舉採用了名單比例代表制，年青一代都有機會跟在

徒弟陳恒鑌（右）

名單之內。在 2004 年立法會選舉之中，李慧琼跟曾鈺成名單排第三、張國鈞跟馬力名單排第六、陳克勤則跟劉江華名單排第七，而陳恒鑌則跟我的名單排第六，漸漸又發展成坊間稱為的師徒制。

在名單比例代表制之下，「跟隊」也是一種訓練，年青一輩可以隨着有經驗的前輩四出拉票，參加不同辯論，了解被批評或者攻擊時，應如何應對，也有機會代表排首位的候選人，出席不同論壇，到不同地區接收個案，加深他們對選

區的理解和認識，與街坊建立感情。

　　當然年青人可能常遇上屢敗屢戰，但結果又屢戰屢敗的情況，只要道理在我們那方，我都會鼓勵年青人不要氣餒，要繼續爭取。官員漠視意見，屢屢不加理會，我們可以通過立法會或舉辦記者會、搞簽名運動，帶領群眾請願，以社會輿論及群眾力量，迫使官員接受意見。

　　我明白有時候前線的年青人面對街坊的投訴，又無法解決問題，確實很沮喪，我會與年青人一起，聯同投訴的街坊，到立法會申訴部，這樣不單可以得到我的幫助，更可以尋找其他議員幫忙。年青人漸漸發現可以幫到街坊，甚至有機會日後擔任立法會議員，也會更加投入服務市民的工作。

2011 年 1 月連同區議員和幹事約見房署（左三）

加速世代交替

選舉是實戰的開始，第四屆立法會選舉於 2008 年 9 月舉行。受到全球金融危機影響，經濟差，民生議題又變成社會的焦點，加上全國人大常委會已確定雙普選時間表，反對派亦難再以政治議題來炒作。當時正好北京奧運於 8 月舉行，金牌運動員訪港，愛國熱潮高漲，我們於是決定讓青年才俊在是次選舉中一展實力。

今次參選人有四個特色：有經驗、富承擔、有專業、夠年青。五張直選名單中，九龍西已由李慧琼親自領軍再加上三位區議員，其中兩位是新人；而新界東亦由劉江華排第一、第二便是陳克勤。34 歲的李慧琼和 31 歲的陳克勤雙雙成功當選，為立法會注入新血，也加速了世代交替的步伐。

會務交棒

除了地區的實務工作，會務交棒則於 2005 年已開始推進，民建聯第八屆中委會（現為執委會），李慧琼、張國鈞和陳恒鑌 3 名 30 歲左右，具有專業背景的年青人，齊齊當選，直到 2007 年第九屆，3 人更成為常委。

2009 年也標誌着民建聯元老級逐步退下的一年，當年路向營的主題是「薪火相傳建未來」。葉國謙在這年第 10 屆中委會（現為執委會），從副主席退下來，而且不再擔任

2009 路向營

2009 年 4 月，張國鈞（右）當選為民建聯副主席

2011 年民建聯選出新領導層，李慧琼（右三）接任副主席

中委；上屆放棄連任常委的陳鑑林，今次也退出中委會（現為執委會）。時任青年民建聯主席張國鈞則升任副主席，當年他才 34 歲，是最年輕的副主席，而年僅 33 歲的陳學鋒也晉身常委。這年中委會平均年歲由之前的 52.2 歲降至 47.7 歲，而常委更降至 47.5 歲。

及至 2011 年，第一屆至今依然是中委（現為執委）的，只餘下我這位主席、司庫黃建源和剛卸任秘書長的簡志豪三人。李慧琼接任副主席，常委加入 4 名年輕人，分別是時任青年民建聯主席周浩鼎、油尖旺區議員葉傲冬、黃大仙區議員黎榮浩，以及初次當選中委（現為執委）便成為常委、現時的立法會議員陳勇。

勸退元老

元老級人馬陸續退出中委（現為執委）和常委，有自願，也有不心甘情願的，當年要勸退也非易事。由於支部主席不少是中委（現為執委），我只好多花唇舌説明，讓他們明白支部主席也可以列席執委會會議，毋須參選中委（現為執委），終於令他們同意，可以騰出更多中委（現為執委）的席位。

元老級雖然年紀大，但對民建聯有深厚感情，不少認為自己有心有力有時間，願意繼續作出貢獻，希望多留一屆。為了肯定他們的工作和貢獻，於是建立會務顧問的超然位置，讓所有曾擔任正副主席或對有貢獻的創始成員，都可以

成為會務顧問，繼續為民建聯出力，也好讓出位置，扶持年青人上位。同樣的架構在地區層面也有，退下來的，都可以成為社區顧問，這樣不但可以傳承下去，也讓有經驗的舊人繼續發揮作用，又可以成功騰出決策位置，讓年青人上位。

功成身退

2015 年第十三屆中委（現為執委）和常委換屆，四大長老包括我、曾鈺成、葉國謙和陳鑑林都全退出重要的職位，由李慧琼擔任主席；2016 年更順理成章，四人都決定不再競逐連任，雖然當時在選情上帶來挑戰，但最終民建聯取得 12 個議席，依然是立法會第一大政團，而且周浩鼎、張國鈞、柯創盛和劉國勳 4 位新人當選，也為薪火相傳劃上完美句號。

2015 年，李慧琼當選成為民建聯首位女主席

第七章
升呢——
從政協走到人大常委

在人大常委會的會場內

出席人大常委會會議　　　　　　　　　　政協選舉投票

　　我擔任全國政協 15 年，提出過百項提案，原本計劃退下來，剛巧又遇上全國人大代表換屆，在同事和朋友們的鼓勵和支持下，決心轉換跑道，很幸運過程很順利，以 2,941 票，得票率逾 99%，當選為全國人大常委。

　　全國政協是委任制度的諮詢組織，主要職能是政治協商、民主監督、參政議政。政協可以透過全國政協開會時作提案。通常在開會前，我和民建聯的政協委員和港區人大代表會進行調研，選一些與香港特區有關的議題，希望

出席人大常委會會議

每年均公佈兩會建議和提案（右二）

能引起國家關注，能調整相關政策以協助港人。故此每年一度召開兩會前，我會向傳媒介紹提案內容，把訊息再告知公眾。

發揮提案功能

提案不能只提問題，也要建議如何落實，提出具體的解決方案。內地也很重視提案，會交由相關部門跟進，在當年內會有回覆，而且回覆前會先行致電相關提問的委員，匯報進展及解釋哪些能做到，哪些未能達成。

我的提案也不一定能做到，但有互動是好事，我也會公開所有進展，好讓市民大眾理解，比如在 2006 年、2007 年及 2013 年，我均提出確保內地食品及供港食物安全；2012 年則提出扶持中小企業、利便定居內地港人獲得適切醫療保障；2013 年提出港人辦學及解決跨境學童問題；2014 年提出制定港人返回內地定居入戶的具體辦法有居住證、推進落實對港人的國民待遇；2015 年提出鼓勵香港青年認識國情、參與國事及成為公務員；2016 年提出在《基本法》規定下加快解決「一地兩檢」問題、拓寬香港副學士升學階梯，加強與內地大學銜接；及 2017 年提出參與「一帶一路」建設：打造投融資平台、打造經貿及專業服務中心、扶持香港品牌、內地企業的香港青年交流團及實習、推廣優質農產品等。

在 2009 年我向中央政府提出環保綠色採購。財政部當年給我的回覆正面，除了表示過去有關注，曾發佈和制訂了《節能產品政府採購實施意見》及《節能產品政府採購清單》，也把我的建議納入環境標誌產品政府採購清單之中，表示會採取進一步發揮促進節約能源的政府採購政策功能，如加大強制採購節能產品和優先採購環保產品的實施力度。

「一帶一路」有成果

2017 年和 2020 年，我和民建聯兩度建議，內地與香港合作舉辦更多香港青年學生交流團，並希望有更多「一帶一路」相關的實習工作職位。2021 年 9 月，內地宣佈在五年內向香港青年提供一萬個實習職位，職位包括國家機關、中央企業及中央金融單位等。

對於 15 年的政協工作，經常有傳媒要我評分，但我甚少評分，因為難以用數字作代表。不過，能以政協身份，對國家發展政策多了解，又可表達香港市民對問題的關注和意見，都有助互相的認識。我也不時協助及處理香港市民在內地面對的問題，如房地產、經濟糾紛、出入境等求助個案，我都會轉達給相關部門，雖然未能百分百成功解決，但亦時有回音，能協助到相關人士。

人大常委心路歷程

作為港區全國人大代表的「新丁」，在 2018 年十三屆全國人大一次會議主席團上，我榜上有名，傳媒都說我獲選全國人大常委機會十分之高，但能否當選，仍有待 3 月 18 日的選舉，一如既往我以平常心看待，無論以人大代表或人大常委的身份，我都會繼續服務香港和國家。

因為在主席團名單，這是我擔任政協十多年後，首次踏上主席台，感到任重道遠。全國人大常委會委員以差額選舉方式誕生，在 190 人中選出 175 人，港區的我以 2,941 票贊成、9 票反對及 5 票棄權當選，接替范徐麗泰，當選全國人大常委。

99% 支持感榮幸

得票率超過 99%，我深感榮幸，感謝內地代表對香港的重視，亦因為我的前任范徐麗泰表現出色，認為應該支持香港代表，我才可以高票當選。要知道人大常委在內地是難以面對面拉票，首先各省全國人大代表都住在不同的酒店，也不能在投票時拉票，只可以跟之前便認識的代表交流。

那如何可以差額選出合適的人大常委？原來有一本名冊，說明各參選人的年齡、工作和公職的經驗，而大家心中

参選人大，
需要您的支持

譚耀宗

- 中國人民政治協商會議全國委員會委員
- 全國政協社會和法制委員會副主任
- 香港民主建港協進聯盟會務顧問

為國家為香港
創新天

·傳承愛國愛港·

我的父親是一名海員，經常航行到不同國家，所以對自己國家是否強大、在國際社會的地位如何，有著特別強烈的感受。而我母親則特別關心社會時事，有空會到工會去當義工。在耳濡目染下，我的愛國情懷就這樣慢慢形成。

我剛踏足社會時，便有幸遇上一班志同道合的同事，並一起加入了工聯會屬下的工會，及後我更成為工聯會的副理事長，代表工聯會出任勞工顧問委員會的勞方代表。至1985年，我當選為勞工界立法局議員，同年被人大常委會委任為基本法起草委員會委員，因而有機會參與整個香港過渡期的工作，令我深刻感受到國家的偉大，領導人的英明，他們將「一國兩制」這個全新構想建立起來，並且逐步發展、完善，我能參與其中，實是本人最大的榮光。

參選人大政綱單張

參選十三屆港區全國
人大代表

2018 年 3 月 18 日，
十三屆全國人大一次
會議第六次全體會議
在北京人民大會堂舉
行。我（後排中）在
主席台就坐（圖片來
源：文匯報）

接替范徐麗泰擔任全
國人大常委會委員

也有原則，如各黨派、團體、背景和身份等，都會作平衡考慮，令常委會有廣泛的代表性。

線上線下學不停

我當選之後，由於欠缺經驗，即時跟不同的前輩和港區人大代表打聽和了解，要如何做好人大常委的工作，並多次參加人大的線上和線下的學習，深入了解「貫徹黨的十九屆四中全會精神，堅持和完善人民代表大會制度」、「民法典主要制度與創新」、「美麗中國」、「黨史百年」以及「貫徹中央工作會議精神」等專題。

後來便慢慢掌握到，只是我並不熟悉內地法規，我通常會參考大會提供的相關資料，由於有公開諮詢，會有學者和教授等不同的意見，而我也會參照香港類似政策的做法，介紹香港的情況。這樣做不但可以宣傳香港，也令內地多了解香港，擴闊思考範疇。

很多時候大家都會在鏡頭前看到人大常委舉手通過不同的法例，但並不是什麼法例上到常委會都獲得通過。人大常委會分為：常委會會議、委員長會議、各專門委員會和其他內設機構。內地無論是修訂還是訂立新法例或法規，程序都很仔細，要有詳細的諮詢，經過三上三落。

法例審議認真

　　例如修訂或新立的法例或法規，先交到人大常委會大會下設的委員會作審議，由委員會給予意見，之後再上大會，常委若有意見，委員會需要再作研究，經過委員會、委員長會議、大會的反覆研究，確保法例無問題，才會通過。

　　當法例通過後在各省市落實時，會有執法檢查，由委員長或副委員長親自帶隊到各省市了解，看執行上有否問題，是否有需要以行政措施解決。

　　除了立法權，全國人大也有任免權。在換屆期間，選舉最高國家機關的領導人，包括國家主席、國務院總理、最高人民法院院長、最高人民檢察院院長、中央軍事委員會主席、國家監察委員會主任等；在代表大會閉幕期間，人大常委會負責任命最高人民法院的法官、最高檢察院的檢察官，以及駐外大使。同時有決策權，以審批國民經濟和社會發展計劃及國家預算案，以及監督權，用以監督憲法實施和中央各部委的工作。

　　我擔任常委可說是邊學邊做，每次常委會都總結經驗，檢討有何值得改進的地方。

（圖片來源：中國人大網）

人大常委會每兩個月開一次例會，會後我會整理人大常委會的會議內容，向港區人大交報告和作出簡報，告知常委會會議討論和研究的議題及我的發言等等，若他們有意見，我也會負責反映。

建議受重視

在過去的五年中，我在兩會期間總共提出超過 30 項人大建議，其內容主要包括促進兩地有關行業的互聯互通、為港人在內地工作和生活提供便利、加強香港社會對國情的認識等議題，以及對內地法律制度的優化建議等。

在 2022 年的兩會上，我在 2021 年提出的有關「對民營企業負責人能不捕就不捕，能不訴就不訴，嚴格把關，避免出現冤假錯案」等建議已經被最高人民法院接納，並寫入了2022 年的「兩高」報告中。

針對港人到內地工作和生活，我在 2019 年提出了「豁免內地港人境外徵稅」以及「為中國香港市民提供內地身份證明」兩項建議，中央相關部門在 2019 年明確「自 2019 年開始計算，若港人在內地被視為無個人住所，然而在境內居住累計滿 183 天的年度連續不滿六年，這段時間內不會在內地產生全球納稅義務，即其取得的境外支付的境外所得可免繳個人所得稅」。內地相關部門也明確「目前已將回鄉證納入統一出入境證件身份認證服務平台。下一步內地將

不斷拓展港澳居民居住證和回鄉證的便利化應用」。

2020 年，全國人大三次會議通過了《港區國安法》，這開啓了香港由亂到治的時代，我在領導人接見港區全國人大代表時就《維護國家安全，守護一國兩制》發言，全力支持法例的出台；2021 年，全國人大四次會議，完善了香港選舉制度，堵塞了香港選舉制度的漏洞，我也就《貫徹愛國者治港原則，完善香港特區選舉制度》發言，全力維護「一國兩制」在香港的行穩致遠。

最 困 難 的 地 方

不過，這兩件大事亦是我出任人大常委以來，對香港至為重要，因此我有責任向傳媒講解清楚，媒體明白後，才可以令公眾得到清楚的信息，一旦有任何地方出錯，都會影響市民對有關決定的信心，所以我必定會反覆細閱文件內容，透過接受不同訪問，掌握公眾的關注點，再以淺白、大眾能理解的言詞，講解得更清晰。

我在 2022 年中已決定不再競逐港區全國人大代表，但不想太早公開，所以在報名期間才正式公佈。外間猜測我被勸退，完全沒有這回事。首先，我年紀已不輕，又曾兩度感染疫症，而當人大常委出缺，並無補選機制，為免出現有關的風險，我認為，應該留給其他年青有才能的人士擔任此要務，相信其他人一定會做得更好。

2023 年 3 月卸任人大常委，民建聯成員到機場接機

擔任香港再出發大聯盟秘書長

不枉此生

退下來前夕，我又獲邀擔任全國港澳研究會副會長，而且依然是民建聯會務顧問和香港再出發大聯盟秘書長，我主要是覺得三個團體工作有意義，自己身體沒有問題，只要力所能及，能貢獻社會，幫助市民，會繼續做下去，但亦會調節工作，不會讓自己太勞累。

如果要以四個字來形容我的政治生涯，我會選「不枉此生」，人生短短數十年，有難得的經歷和體驗，為國家、為香港出心出力，我十分珍惜。不少人比我出色，可惜苦無機會，所以我感恩。我從不計較個人得失，更不戀棧權位，我相信，人人為我，我為人人，只要易地而處，明白對方感受，有助人的精神，凡事盡力而為，就無悔今生。

隔離的日子

五年的全國人大常委工作，最令我難忘的，是在疫情之下，最長曾經歷 21 日的隔離日子。在兩年多的疫情之中，為確保出席人大常委會議的領導和委員不受病毒感染，隔離已成為生活的日常，通常人大常委會會期是四日，隔離時間總較會議長。每次會先到深圳接受隔離七日，北京兩日，之後才出席大會。

在隔離的日子裏，我有幸被安排到指定深圳公寓單位，每日進行核酸檢測，絕不能出外走動，門外裝有閉路電視，一旦被發現曾外出，便要延長隔離的時間。一日三餐有專人負責送飯餸，幸好全都很符合我的口味，為免吃太多而變得肥胖，早餐我選擇吃麥片、雞蛋和麵包。

慢慢適應

然而工作並無受到隔離影響，日間準備會議，會閱讀文件及撰寫發言稿，參加網上會議和接受傳媒訪問，自行錄映發言，以及出席網上論壇。晚間看電視新聞，慢慢習慣了，時間沒有白費，工作更愈來愈繁忙。

隔離的初期，我嘗試打開窗，呼吸新鮮空氣。我居住的公寓較現代化，窗子並無窗紗，蚊子便有機可乘，半夜出動，我被蚊子的嗡嗡聲弄醒，以後只能選擇關窗，或聆聽蚊子的奏鳴曲，或者成為蚊子的夜宵。

第八章
我的同僚

在前立法局大樓外

從政逾 40 載，與我一同共事的同僚可謂多不勝數，回歸前的基本法起草委員會、香港特別行政區籌備委員會預備工作委員會和籌備委員會、行政立法兩局；直至回歸之後的行政立法兩會、全國政協、全國人大，當中的猛人和才俊，不但是我良師益友，也令我增長知識，獲益良多。

鄧蓮如

立法局首席非官守議員（1985 年 10 月 30 日 - 1988 年 8 月 25 日）
行政局首席非官守議員（1988 年 8 月 25 日 - 1995 年 7 月 26 日）

我跟鄧蓮如的相識，就剛好是我在 1985 年當選勞工界立法局議員的時候。她當時正出任立法局首席非官守議員，負責聯絡及帶領一眾立法局議員。她曾約我單獨見面，了解我這位「新丁」有否需要幫忙的地方。

我見面時告知她，立法局議員薪津微薄，每月只有 3,000 多元，不足以應付工作上的開支，需要「貼錢」，全憑工聯會的薪金支撐日常生活。後來酬金雖然上調至 7,000 元，但又要扣稅，經過反映後，便明確定下因應履行職務而作的營運開支償還款額毋須繳稅，只把議員酬金扣稅。

或許很多人奇怪為何當年立法局議員酬金不高，原因是以往全是委任的非官守議員，他們都是社會賢達，本身是商界或者專業人士，收入豐厚，毋須依賴立法局議員的

鄧蓮如（前排右三）

酬金。隨着民選議員增加，政府終於明白，民選議員要解決
生活，又要服務選民，酬金太少無法應對工作，因此逐步作
出改變。

願意聆聽協助

　　鄧蓮如對我亦算是尊重。猶記得當年的愛國學校，如
漢華中學、香島中學和培僑中學等，雖然一直服務香港人
的子女，但沒有政府津貼和補助，經濟上相當困難，希望政
府能協助這些學校。

鄧蓮如找來當時的教育署署長李越挺，與漢華校長黃建立商討，李越挺很聰明，想到用直接資助（直資）計劃，幫助這些學校。在直資計劃下，學校除了獲得政府發放的津貼外，還在多個範疇上享有較大的彈性，當中包括資源調配、課程設計和收生等。直資學校還可收取學費，用以提供額外的支援服務和學校設施。這做法一方面令學校得到資助，也不會干預學校的運作，一舉兩得，問題終於得到解決。

鄧蓮如這位被封為英國女男爵的政界名人，一定予人很西化及親英的感覺，但她在過渡初期，主動向我提出希望多接觸內地，多了解內地的發展，並請我幫忙聯繫到內地參觀，我便透過新華社香港分社安排，於 1986 年 5 月 15 日一起到訪深圳。

關注內地發展

在她率領之下，一眾立法局非官守議員獲邀到深圳國際貿易中心頂樓，透過俯瞰整個深圳，聽取當地官員介紹深圳建設規劃，鄧蓮如更讚揚深圳發展迅速，盼深港能夠加強了解合作。

回歸後她定居英國，也不時返回香港，邀約一些前立法局同事吃飯敍舊，偶爾我也成為座上客。

立法局首席非官守議員（1974 年－1978 年）
行政局首席非官守議員（1980 年－1988 年）
首任行政會議召集人（1997 年 7 月 1 日－1999 年 6 月 30 日）

　　沒有任何人會質疑，鍾士元是香港政壇「教父」，他在公共服務方面甚有經驗，對政治問題見解獨到，十分有見地。當 1985 年我仍是立法局「新丁」時，他已貴為行政局首席非官守議員。

　　行政立法兩局當時有一個聯席委員會，由行政局首席議員主導，在首次會議上便會決定立法會轄下各個事務委員會的召集人名單，但由於立法局加入了間選的議員之後，便沒有再聽從行政局首席議員的建議，鍾士元當時很不高興。

德高望重

　　我與大 Sir（鍾士元）較為熟悉，是從 1995 年他擔任香港特別行政區籌備委員會委員的時候，在七個工作小組當中，我與他共事第一任行政長官的小組，之後他出任首屆行政會議召集人，我也是行會成員。他一直盡心為香港做事，廣受同事的尊重，特別是行政長官董建華。

　　回歸之前，他並不想改變現狀，但當《中英聯合聲明》簽署之後，在過渡期開始，他改變了態度，因此甚得第一任行政長官董建華的信任。記得 2018 年剛好是大 Sir 101 歲

2018 年「大 Sir」101 歲的生辰，前行政局及行政會議的成員赴禮賓府為他賀壽

鍾士元（右）

的生辰，前行政局及行政會議成員都有前赴禮賓府為他賀壽，大家高興地與他合照，不斷恭賀他，望他能健康長壽，但其精神狀態已經大不如前了。

見解獨到

民建聯 2011 年出版《建港心路——與民建聯的緣與份》一書時，我特意邀請鍾士元寫序，他立即答應親自撰文，而且點出香港政制的弊端，由於行政長官不屬任何政黨，因此在立法機關難以獲得支持，形成弱勢政府，令政府施政困難重重，回歸逾 10 年，各項政策及建設停滯不前，應反思從速改善香港的政制。

「民建聯既成為香港第一大黨，應負責改善現有政制，最低限度配合行政長官施政，推行聯合政府制度，則港人幸甚。」他又指出，民建聯在立法會未取得多數議席，應考慮聯合其他友好政黨，控制立法會，而達至支持或反對行政長官的政策。

李鵬飛

行政局非官守議員（1985 年 6 月 21 日 - 1992 年 10 月 7 日）
立法局首席非官守議員（1988 年 10 月 13 日 - 1991 年 11 月 15 日）

李鵬飛個性爽朗，是「心直口快」之人，待我至誠，願意跟不同階層接觸，從來不會瞧不上勞工界人士。記得港英年代，政府漠視左派工會，工聯會在工人俱樂部舉辦職業

李鵬飛（右）、鄧蓮如（中）

安全展覽，我邀請他以行政局議員身份出席主禮，他馬上答
應，當時實屬難得。其後我也有邀請他到愉景灣家中作客，
大家閒話家常。

　　飛哥甚有遠見，敢於接受轉變和迎接挑戰。當政黨政
治未成氣候時，他於 1991 年與張鑑泉和周梁淑怡等人創立
啟聯資源中心，抗衡港同盟在立法局的影響力，隨後發展為
自由黨，吸納政商界人才。

勇於接受挑戰

　　他本來可以繼續透過功能組別穩操勝券下，連任立法局議員，但他卻選擇在 1995 參加新界東北地區直選，落區向市民拉票，非常親民，而且成功當選，是第一位敢於挑戰直選的功能組別議員，可惜欠缺地區基礎，在 1998 年再度競逐連任時落敗。

　　他經常表示自己是新移民，但對國家有感情，不願見到中英交惡，認為港督彭定康做事方式不妥，希望帶領立法局議員成功過渡，只是「直通車」出軌而未能如願。

　　他離開政壇之後，擔任時事清談節目主持，經常邀請我出任嘉賓，大家都緬懷過去。

施偉賢

立法局主席（1993 年 2 月 19 日－
1995 年 7 月 31 日）

　　港督一直是立法局主席，負責主持立法局會議。不過，在 1991 年 10 月，施偉賢便獲港督衛奕信委任為香港立法局副主席，代替主持會議的職務，及至 1993 年港督彭定康辭任立法局主席，行政局和立法局分家，施偉賢便當上第一

施偉賢

位由立法局議員互選產生的主席。

根據立法局的議事紀錄，施偉賢當選之後曾表示：「今天是立法局和香港的歷史性日子，是立法機關逐步獨立於行政機關的里程碑，也是首次由本局所選舉的人主持立法局會議。能擔此任，我深感榮幸。」

他為人低調，主持會議公正，由於他是大律師出身，沒有什麼利益關係。我與施偉賢接觸不多，曾與其他議員一起獲邀到他家中作客。他喜歡賽馬，我偶然應邀到馬會作客，都會遇上他在看馬經，研究「心水」馬匹，我也跟他開玩笑地說要「貼士」，當然沒有真的投注。

黃宏發

行政局非官守議員（1991 年 11 月 1 日－1992 年 10 月 7 日）
立法局主席（1995 年 10 月 11 日－1997 年 6 月 30 日）

黃宏發擔任最後一屆立法局主席時，熟悉《會議常規》，要求嚴格，經常可以雄辯滔滔，最經典是裁決「臭罌出臭草」這句發言帶有侮辱性言詞，即時趕梁耀忠議員離開立法局議事廳，不許他在當天再返回開會。當時梁耀忠即場與之辯論，質問為何要他離席，黃宏發便回答是按《會議常規》第 34 條第（2）款規定：「議員行為極不檢點，立法局主席、全體委員會主席或任何常設或專責委員會主席即須命令其立即退席，不得繼續參與立法局或委員會的該次會議。」

黃宏發（中）

　　黃宏發喜愛杯中物，未擔任主席之前，曾因酒醉鬧過笑話。由於立法局是按英文姓名劃分座位，黃宏發剛好是我鄰居，坐在我旁邊，而立法局大會時間頗長，議員都會到議會飯堂或附近用膳，有一次他飯後返回議事廳繼續開會，可能「飯氣攻心」，又喝了酒，呼呼入睡，施偉賢主席發現這情況，馬上傳紙條給我，着我叫醒在旁熟睡的黃宏發，情境都有點尷尬。

　　後來他當上主席，便一直保持形象，再沒有醉酒出醜的情況出現。

范徐麗泰

行政局非官守議員（1989 年 1 月 1 日－1992 年 10 月 7 日）
臨時立法會及立法會主席（1997 年 1 月 25 日－2008 年 9 月 30 日）

　　早在立法局的年代我已認識范徐麗泰（范太），她關注香港教育和越南船民問題，爭取取消香港作為「第一收容港」的政策，其表現深受各界讚賞，後來不滿港督彭定康的政制改革，她在 1992 年辭任行政立法兩局議員，接着於 1993 年及 1995 年分別出任香港特別行政區籌備委員會預備工作委員會委員，及後擔任特區籌備委員會委員。

　　可能她由親港英陣營轉為愛國陣營，即時引來不少攻

范徐麗泰

擊。記得她當時被批評「轉軚」、形象如「江青」等，但她並不懼怕這些批評，依然故我，做好立法會主席的工作，堅守中立，不偏不倚主持會議，成為民望最高的立法會議員。

我很欣賞范太的魄力和決心，她一直循選舉委員會功能界別出線，直至 2004 年立法會選舉取消所有選委會議席後，她在毫無地區「樁腳」下，決定於港島區參加直選，憑藉其高民望成功連任。

儘管工作繁重，范太依然喜歡自駕遊，記得有一次我們一同到廣東長隆遊玩，她便親自駕車在內地跟我們會合。即使不再擔任立法會主席，她退下來之後，仍經常自駕遊，到內地四處遊歷。

曾鈺成

立法會主席（2008 年 10 月 8 日 − 2016 年 9 月 30 日）

成為立法會主席之後，曾鈺成為表示中立，便減少在民建聯的工作，只保留民建聯會務顧問的身份。他主持立法會會議公正，絕無偏幫民建聯，但也有意見認為，他對反對派過分容忍，助長了反對派的氣焰。

反對派為了「拉布」，提出過千項的修訂，投票持續多日，但曾鈺成一點也沒有記錯或者讀錯這些修訂議案，令人佩服。他是一位思考型的議員，一有時間在前廳，便會看書或者玩填字遊戲。

曾鈺成

　　曾鈺成向來以辯才見稱，也為民建聯在議會辯論上「守
尾門」，他能一心二用，一邊聽反對派的演辭，一邊用手機
搜尋如何反駁，並即時作回應。自從他出任立法會主席之
後，民建聯便失去了這位高手，改由我及劉江華接棒。

　　我身邊出眾的同僚甚多，無法一一細說，只能挑選比較

1991 年行政及立法兩局議員（第三排左五）

有代表性的行政立法兩局首席議員及立法局和立法會的主席，分享與他們共事的點滴。在此也感謝各位同僚過去的包容和支持，才造就今天的我。

2012－2016 立法會（前排右一）

第九章
我與歷任特首

陪同李家超（右）報名參加 2022 年行政長官選舉

《基本法》規定行政長官任期 5 年，可以連任一次，在 10 年的任期內發揮所長，有連續性。可惜回歸超過 25 年，仍未有任何特首可以做足 10 年，最長已經是第一任行政長官董建華，其次是曾蔭權，梁振英和林鄭月娥都只出任一屆 5 年的特首。

對我或民建聯來說，挑選特首都是「唔好急，最緊要睇定啲」。每次行政長官選舉，我們都會舉行見面會，方便中委會（現為執委會）委員和有資格投票選行政長官的選委分別與各參選人交流。除非只有一位我方候選人，民建聯不會一開始便支持，會樂於聽取各參選人的意見，雙方交流後再作決定。

最佳特首條件

我認為，要做稱職的特首，一定要得到中央信任，本身具有管治能力，願意承擔責任，獲得市民支持，而且要熟知國情，掌握國家的處事方式和文化，但若遇到影響香港長遠利益，而市民不願接受的事情，要敢於向中央作真實反映，供中央充分研判。

特首要多聽意見，不要自以為是，多做調研，政策要有理有據，說服市民，不能急於求成，政策反反覆覆，進退失據。特首是「一國兩制」的第一責任人，怎樣兼顧各方利益，處理好中央和特區關係，殊不容易，極具挑戰性，但也非常有意義。

董建華

（任期：1997 年 7 月 1 日－2005 年 3 月 11 日）

在第二屆任期自動當選的董建華，擔任了特首七年零八個月，是任期最長的特首。或許時不予他，一位獲國家信任，對國家有深厚感情，對國際形勢熟悉有見地，對香港經濟發展和民生改善都有貢獻的特首，在反對派的挑動下，社會出現矛盾，最終因為健康問題而告退。

回歸首要大事，是香港人在香港特區可以當家作主，大家都關注誰會是第一任特首。我記得當時吸引了 31 人報名，但經過籌委會主任會議的資格審查後，確定了八名參選人，其中四位甚具知名度，包括時任東方海外集團主席、香港特區籌委會副主任董建華；九龍倉和會德豐集團主席、醫院管理局主席吳光正；首席大法官楊鐵樑和前最高法院上訴庭副庭長、籌委會副主任李福善。

無推薦任何人當特首

第一屆行政長官選舉，由 400 名推選委員會成員選出，當時民建聯有 40 多人是推選委員會成員，成為拉票的對象，但我們當年並無推薦任何人當行政長官。馬力個人協助楊鐵樑參選，據悉，董建華並不太高興。為了公平，我們分別邀請了上述四位參選人與中委（現為執委）、各級議員和推委成員見面，了解他們的政綱。

參加典禮活動時與董建華（左）合照

　　當時最進取是吳光正，不但早到，提前與主席曾鈺成交談，會面時也顯示有充分準備，充滿自信；反之董建華則不一樣，可能他認為不應急於下結論，應日後與政府商量解決，才是穩妥的做法，所以對於我們的提問，總是說「這問題十分重要」，卻未有提出應對的方法，但他態度親和，依然給我們留下良好的正面印象。

掌握香港問題

　　董建華上任之初，委任了我成為行政會議成員，我和董先生過去並不稔熟，但我發現他對香港社會的問題抓得比

較準，樓價高企，他明白市民不想成為「無殼蝸牛」或者「樓奴」，也明白教育問題須改善，再加上預測未來人口老化，他都有先見之明，認為上述三個問題須優先研究處理，因此分別委派三位行政會議成員負責研究，房屋是梁振英、教育是梁錦松，安老事務是我。

不過，人算不如天算，1998年推出85,000樓宇政策時遇上了金融風暴，1999年又有釋法風波，2000年是數碼港事件，2002年公務員減薪，及23條維護國家安全立法引起恐慌，再遇上2003年「沙士」，一時之間股市和樓市暴跌，不少市民背上一身債，辛苦買來的樓房變成負資產，民怨沸騰，爆發了七一遊行。

在經濟如此艱難之下，董建華尋求中央協助，推出自由行、《內地與香港關於建立更緊密經貿關係的安排》（CEPA）等措施，又建議興建迪士尼樂園，希望帶動經濟反彈。事實證明，「沙士」過後，香港經濟迅速恢復。並投放資源發展創新科技，如今看來，也發現董建華有遠見。

董建華與民建聯關係友好，也樂於聽取不同人士的意見，並答應每兩個月定期與民建聯會面，把我們的意見納入《施政報告》之中。

為人親和勤力無架子

他為人親和，記得參選時，我曾安排他到秀茂坪公屋家訪，並於屋邨茶樓午膳，董建華全無架子，表現自然，非常

與董建華探訪老人院

　　有親和力，得到大家讚賞。另一個例子是當行會成員改由曾鈺成出任時，董建華專誠找我傾談，言語間表示非常抱歉，顯得依依不捨，不但多番答謝我幫忙，也承諾會為我再安排工作，我即時表達毋須特意安排，我會繼續支持特區政府的工作。

　　「7．11，一日做到黑」，如果大家記得這句說話，就知道董建華工作十分勤力，每日從早上 7 時做到晚上 11 時。因為眼見他工作辛勞，不知他能否繼續「撐」下去，所以我曾表示，要找人分擔他的工作，結果就被指是「倒董」，但

我從來沒有這個意思，只是希望他集中精力於需要專注的事務，其他事則放手交給問責團隊處理，並非要求他不理香港事務。

為董與反對派駁火

對董建華由於健康理由離任，我事前並無收到任何訊息，但卻感到十分惋惜，更因為反對派不斷攻擊和圍攻董建華，我曾多番與反對派「駁火」。當時前綫劉慧卿曾說，董先生辭職是中央擺佈，手起刀落，非常恐怖。我反問她，如果中央不同意董先生以健康理由辭職，劉慧卿便會說中央「撐董」；如今中央批准他辭職，又說中央手起刀落，真是「豬八戒照鏡，兩面不是人」。

還有另一位反對派立法會議員郭家麒，曾表示香港的前景「不是紅色，不是白色，而是灰色」，我直斥其非：「董生在位時，你覺得好灰，現在有機會選新特首，你又覺得好灰，點都灰，咁灰，做人就無乜意思。」

董生對我十分信任，離任之後，也不時與我聯絡，交換工作上的意見、分析香港社會情況。他對香港一直很關心，籌款建立團結香港基金、發起編纂香港地方志、促進中美關係。早幾年香港出現「黑暴」、社會撕裂等問題，他二話不說，便答應一起組織香港再出發大聯盟，成為其中一位總召集人。

曾蔭權

（任期：2005 年 6 月 21 日 － 2012 年 6 月 30 日）

董建華是一位商人，對政府運作掌握不多，相反，曾蔭權擔任公務員達 38 年之久，熟悉公務員運作，回歸後曾擔任財政司司長和政務司司長。當董建華離任之後，要短時間內找到一位社會認同，又有能力的人，曾蔭權似乎便是不二之選。他競逐連任時，也是唯一一位獲得民建聯助選的行政長官候選人。

不過，他作為公務員時，與傳統愛國陣營來往不多，與民建聯的關係更是一般。當時有人認為，他有中央支持，與反對派關係不錯，愛國愛港人士不會不支持他。

積極爭取民建聯支持

或許政治就是講求實力，民建聯在 800 名第二屆行政長官選舉委員會中，有超過 100 名選委，很少出席民建聯活動的曾蔭權，不但答應出席陳鑑林的地區辦事處開幕禮，而且態度親切。自此之後，他便積極與民建聯建立良好關係。

當競選開始，除了曾蔭權，還有民主黨主席李永達和立法會金融服務界議員詹培忠宣佈參選，民建聯中委會（現為執委會）決定支持曾蔭權，但不會規定具選委身份的成員要劃一投票和提名。最後因為其餘兩位參選人提名不足，曾

曾蔭權（左三）率 13 名問責官員出席民建聯 2010 年運動會

曾蔭權於長沙灣西九龍普通科門診診所與求診者傾談

譚情說政 40 年 —— 從打工仔到全國人大常委

蔭權便自動當選。

親自落區探民情

曾蔭權上任不久,便努力爭取民建聯的支持,在一次立法會答問大會上,我追問他如何紓緩長者清晨長時間輪候派籌看病的問題,他就答應跟我一同實地考察。數日後清晨 7 時許,我和民建聯代表一起與曾蔭權到長沙灣的西九龍普通科門診診所視察,了解輪候求診者的苦況,排頭位的凌晨 4 時已到場,等候早上 8 時開診。

大家逗留近一句鐘,更分析和商討解決的方法,曾蔭權事後親自說明政府如何跟進,而醫院管理局也採納了民建聯提出增加診症名額,以及增設電話和電腦登記預約等建議,以縮短病人輪候時間。

是其是非其非

大家關係雖然變得友好,但民建聯都是以「是其是,非其非」的態度推動及監察政府的政策。曾蔭權上任不久便表示,添馬艦地王出售計劃會改為興建政府總部,民建聯認為政府總部應遷離金融核心區,並應在舊啟德機場上建新政府總部和立法會大樓,在東九龍打造新政治行政中心,但建議不被曾蔭權採納。

直至 2007 年曾蔭權競逐連任,對手是公民黨的立法會議員梁家傑。曾蔭權主動提出,希望由擁有豐富地區經驗

的民建聯提供協助，並向市民承諾會「做好呢份工」。我覺得做特首跟打工不同，可能他認為這說法是謙卑，說來通俗易明，我卻不太認同，擔當特首豈可以打工心態來做？

全力支持曾蔭權

民建聯對特首選舉提出了「四信」要求，包括愛國愛港信念、港人信賴、中央信任和公務員信服，按此準則梁家傑不作考慮，民建聯認為曾蔭權過去工作表現符合要求，因此全力支持他參選，而且開會通過呼籲所有民建聯的選委，全數提名及投票給曾蔭權。

連串的選舉造勢和拉票活動，民建聯都有會員及義工支援，青年民建聯成員更積極為曾蔭權助選，由他們陪同參與花車巡遊，甚至出席選舉論壇，成為啦啦隊。最終曾蔭權以「高民望、高得票」的姿態，成功連任。

首位特首成功推動政改

他任內擴大了政治問責制，增加副局長和政治助理，並成為首位特首成功「起錨」，於 2010 年成功推動政改方案，以「起錨」為口號，是指香港形同一艘向着普選目標邁進的船。他又動員所有問責官員宣傳 2012 政改方案，最終獲得立法會通過，把推選行政長官的選委會成員由 800 人增至 1,200 人，而立法會議席也由 60 席增至 70 席。

可惜他也是首位行政長官鋃鐺入獄。在曾蔭權離任前

2007 年 2 月 5 日曾蔭權以特首候選人身份再度拜訪民建聯

與退休後的曾蔭權夫婦合照

夕，被揭接受富豪款待及在深圳租用豪宅，有利益輸送之嫌。我當時認為，曾蔭權的解釋雖然未能令公眾感到滿意，但不應該未審先判，所以建議先在政制事務委員會討論，未必有需要即時引用《立法會（權力及特權）條列》，甚至啟動彈劾機制。事隔多年，最後終審法院亦還他清白，撤銷他公職人員行為失當的定罪及判刑。

無選錯人

回想種種，我也不覺得選錯了特首。曾蔭權出任特首之初，民望高，獲市民支持，他離任，民建聯也有邀請他吃飯，大家多年來建立友好關係。正如曾蔭權在民建聯 19 周年會慶酒會致辭所說：「民建聯是政府重要的夥伴，能是其是，非其非。我們一直珍惜這種良好關係，並重視雙方坦誠親切的溝通……我期望大家繼續衷誠合作，像好朋友一樣互勵互勉，共同為香港締造更美好的明天！」

梁振英

（任期：2012 年 7 月 1 日－ 2017 年 6 月 30 日）

跟董建華一位商人和曾蔭權一位公務員比較，梁振英是專業人士，很早便到內地協助國家發展，算是根正苗紅。我與梁振英一直關係密切，他是基本法諮詢委員會秘書長，我是基本法起草委員會委員，大家都一齊為起草《基本法》而努力。

內部分歧

該次特首選舉，撤除民主黨主席何俊仁這位候選人，民建聯當時的選擇，就是時任政務司司長唐英年與行政會議召集人梁振英，民建聯內部對支持唐或者梁有分歧，所以初時未有表態。

然而，民建聯內部部分人是傾向由唐英年出任特首，一方面覺得唐英年來自商界，卻棄商從政，由工商及科技局局長做起，推動 CEPA，之後再升任為財政司司長及政務司司長，任期內都很順利，並無大事發生，做事穩妥，所以支持唐英年。

可惜唐英年宣佈參選之後，爆出了「唐宮」僭建事件，由於他未能及早處理，不斷出現負面報道，質疑他講大話，甚至誠信有問題，但民建聯並沒有對此作出公開質疑。

最終支持梁振英

在中委會（現為執委會）開會之後，民建聯最終決定支持梁振英，主要是因為中委會（現為執委會）成員認為，他接受及認同民建聯政綱，而且雙方想法相近，加上我們的區議員曾陪同梁振英落區探訪，發現市民對他也反應熱烈，而民調顯示，大多數市民接受梁振英為特首，故相信他是合適人選，決定投票支持梁振英。

選舉過後，為免支持唐英年和梁振英陣營的愛國人士出現分裂，我牽頭召集了一場 21 名建制派立法會議員參加

梁振英（中）與行政會議成員一齊學習包糭

的「大團結」飯局，交談期間，梁振英專心聆聽，不停地做
筆記，無暇吃飯，顯示出他極為重視改善行政立法關係，而
且日後更每月與各建制派的立法會議員代表午餐。

據我了解，梁振英本來就不愛交際，閒來喜歡種花種
菜，與人交往多是工作關係，但俗語有云，選舉使人謙卑，
因為工作需要，梁振英亦變得主動與各界人士接觸。由於
他充滿愛國情懷，很快便與民建聯建立良好關係，曾在禮

2011 年 12 月 12 日於總部與梁振英交流對新行政長官期望

邀請各界人士就政府工作提建議

賓府花園，與民建聯成員一同 BBQ，品嚐其在禮賓府種的食物。

關注民生基層

　　他願意聽取意見，特別關注基層民生事務。我記得曾向他反映人口老化問題嚴重，但香港道路有不少「長命斜」，無升降機，又無行人上蓋，「好天曬，落雨淋」，結果梁振英在政府內部成立了一個專門基金，提供改善措施，以便能夠盡快落實。

　　梁振英在國家改革初期，教授和幫助內地建立賣地的措施和政策，但從未要求任何報酬，以取得一地一磚一瓦，服務國家之心值得讚賞。但上任不久，出現了山頂和赤柱大宅僭建的問題，再加上 UGL 事件，雖經屢次解釋，但反對派仍然「死咬不放」。

　　2014 年「佔領中環」事件爆發，反對派藉口政改問題，反對中央，並要求梁振英落台。事件造成社會撕裂，經濟民生大受打擊，最終法庭頒發禁制令，由執達吏在警方協助下清場，結束這場為期 79 天的暴力行動，反對派的陰謀並未得逞。

　　如果梁振英繼續參選爭取連任，我們會繼續支持，可惜他以女兒健康問題放棄參選，我們唯有尊重其決定。

（任期：2017 年 7 月 1 日 - 2022 年 6 月 30 日）

林鄭月娥是唯一一位女性行政長官，跟曾蔭權一樣，都是公務員出身，熟悉政府內部運作。最初她可能沒有想過能成為特首。但當時沒有其他更合適的人參選，而時任財政司司長曾俊華一直受到反對派「吹捧」，仿如死亡之吻，令建制派對他懷疑，林鄭月娥便成為建制派唯一的選擇。

「好打得」

林鄭月娥「好打得」並非浪得虛名，我記得在立法會辯論時，如果由她代表政府答辯，她會細心聆聽每一位議員發言，才逐一回應或者反駁。面對反對派對政府的連番攻擊，林鄭月娥都能夠有力駁斥，辯才了得。

經過民建聯中委會（現為執委會）開會決定，認為她的理念最能體現民建聯的「擇善有為」，其後聽取其政綱，便決定一致支持林鄭月娥為特首。

然而，林鄭月娥可能對政策熟悉，總認為下屬處事不及自己，時常親自出馬，但當四處都有火頭，就容易出現進退失據。

靠不住的反對派

她出任特首之後，雖然同時讓葉國謙及張國鈞加入行

與林鄭月娥
（右）出席典
禮活動時攝

我（右一）和林鄭月娥（右二）出席活動

政會議，但對民建聯的意見似乎未見重視，可能認為只要弄好與反對派的關係，施政便會暢通無阻，所以很重視反對派，如民主黨教育界立法會議員葉建源和公民黨法律界立法會議員郭榮鏗等人的意見。

但林鄭月娥很快就發現，反對派不會視她為盟友。特別是在推行修訂《逃犯條例》草案的時候，反對派不斷進逼，抹黑為「送中」條例，恐嚇市民大眾，謂只要反對內地或中共言論便會被「送中」，反對派更提出「五大訴求」，缺一不可。

「黑暴」加新冠

當時林鄭月娥試圖答應其中一些訴求，但據悉中央認為，一旦答應一項條件，便會要求更多，所以支持林鄭月娥不讓步。其後，示威演變為堵路、襲擊不同政見市民、毀壞立法會、縱火燒地鐵等「黑暴」行為。一波未平，第二波又起，新冠肺炎病毒傳染力極強，不斷衝擊醫療系統，經濟更是雪上加霜。

到第五波疫情爆發時，她對民建聯出身的民政事務局局長徐英偉作嚴厲批評，強調政府對官員及公務員的要求定得很高，個人行為不可為政府帶來尷尬，重申自己事發後對徐「尤其失望」，明確表示要徐在檢疫隔離後繼續休假，最後徐辭職，事件令人感到慨嘆。

李家超

（任期：2022年7月1日至今）

相比其他四位特首，李家超是紀律部隊出身，加入問責團隊10年，由副局長至政務司司長，期間積累不少經驗，相信他作為特首，日後能團結各階層，服務社會，做好香港經濟發展、改善民生的工作。

義不容辭

當他決定參選並找我幫忙時，我一口答應，更成為他的競選辦公室主任。在李家超出任政務司司長後，我亦有留意他的表現，在兩地抗疫做法不盡相同下，他首先逐步開放對外通關，這說明他得到中央信任，是有能力推動內地與香港的關係。

特區行政長官一職責任重大，但壓力也不少，他願意擔起這重任實屬難得。不過，要短時間籌組參選工作並非易事。

我過去參加過很多選舉，但選舉工程的後台工作，都是由團隊幫忙，我負責在台前向選民拉票、宣傳、出席競選論壇，但今次當上競選辦主任後，我就轉換角色，統籌各項選舉工程，透過成立不同小組搞籌款、宣傳和拉票活動等。

李家超競選辦公室全體成員在競選大會上合照

做事認真謹慎

李家超做事很認真和謹慎，出席任何大小活動，他都考慮有否違反防疫指引及選舉法例，而且不論是落區探訪、與選委於線上舉行會議、接受傳媒採訪等，他都會認真準備，思考每個細節。

對於他提出「以結果為目標」，我也認同，有一次聽他分析過去處理大案件時，就讓我明白，要的結果便是解決問題，為市民謀福祉。

民建聯全力支持李家超，派出不少對選舉有經驗的義工協助選舉工程。選舉過後，他在競選辦內逐一與團隊各人合照，以表謝意。

對於他的表現，我認為，特首逐步放寬防疫政策，促進社會復常及令經濟加快復蘇，都是正確的做法，李家超及其團隊都是實幹派，我對他們充滿信心。未來他和團隊只要願意與不同團體及市民多商量和多合作，因應各方提出的建議改善工作，定能令香港變得更加好。

特首之最

要數特首之最，應該沒有人懷疑董建華最為香港着想，也最得中央信任，沒有他，香港也難以在「沙士」後，經濟快速反彈。他也是最多災多難的特首，自上任以來，一波未平，一波又起，金融風暴、負資產、居港權等釋法、居屋短樁、港大民調風波、數碼港事件、西九文娛藝術區、公務員減薪、《基本法》23條立法、「沙士」風暴、七一大遊行、維港巨星匯等。

危機四伏的特首，要數林鄭月娥，2019年「黑暴」、社會秩序失控、國家安全受到嚴重威脅，結果要中央出手，之後又有疫情風波，歷時三年。

與民建聯關係最友好的特首則是梁振英，他每月定期與建制派交換意見，凡事有商有量，也十分關注民生議題。

特首不易為

「特首唔易做，『一國兩制』是史無前例，無經驗可言，點樣獲得廣大市民支持，把理念和政策落實，過去反對派就不斷向特區政府步步進逼，特首真係唔易做。」回想從前，有否選錯特首呢？我認為，在當時來考慮都是最佳人選，但日後社會發生重大變化，特首如何應對，各人心中都會有不同評價。

民建聯會呔備受董建華讚賞

藍底以金線繡上會徽的呔是我們第一代的會呔，沿用多時，從來沒有想過會受到特首的青睞，更想不到以為是客套說話，卻是行政長官董建華的真情流露。

猶記得我仍是民建聯副主席的時候，董建華與民建聯進行《施政報告》交流，他突然笑說：「民建聯條呔好靚。」我當時以為是客套說話，只是董先生用來打開話匣子的方法，沒有想到卻是認真的讚賞。

送上靚呔

一年之後，民建聯又與董先生見面，討論另一份《施政報告》，他竟然再次讚賞我們的會呔，再說一次：「民建聯條呔好靚。」今次幸好事前已有準備，馬上送上一條新的會呔，還打趣地說：「你夠膽打民建聯會呔咩？」董生也笑着回應：「點解唔夠膽！」

民建聯第一代會呔

我與曾蔭權的「過節」

我曾經在特區成立初期，擔任安老事務委員會主席，關注長者福利，希望一生為香港特區貢獻的長者，晚年生活可以過好一點，政府應該在生果金多付出一點。在 2008 年行政長官答問大會上，我不滿增加生果金要做資產審查，於是便指責曾蔭權「倒行逆施」，他亦十分不快，沉着臉以大篇幅回應我的批評。以下是節錄自當年的「行政長官立法會答問大會談話全文」：

我：「行政長官，三十年前如你收到一封五元的利是會喜出望外，但三十年後的今日，相信很少見到有硬幣的利是，因為時代不同了。敬老亦是一樣，是要與時並進。十年前用作敬老的金額，十年後是不是應該都要改變？但是你昨日及剛才關於生果金的講話，實際是傷透了很多、數以萬計長者的心，他們很希望將生果金可以加至 1,000 元，但你卻提出要引入資產審查，將生果金的意義扭曲。這個想法是否反映出，你並不是很確切了解長者的訴求，而且在做法上是有點『倒行逆施』。行政長官，我認識很多長者都很支持你，但今日你這樣做是會令到他們很失望。你是否想挑戰他們？」

曾蔭權：「我希望譚議員你覺得作為六十四歲的我，對於長者方面是特別有多些感情……但我們不可以不承認的

事實是生果金的本質已經改變了，如果改變時我們應該如何處理……如有調整的需要，變為不是敬老的表示，而是養老的支援，這情況，我相信我要想清楚應如何做。我認為有需要，我們根本有一個綜援網，但調校生果金這樣做法，我們考慮後果是什麼。任何政策的改變，有其本身的可持續性，如果沒有可持續性，我們是妨礙、亦沒有履行我們作為行政機關，你們閣下及各位作為立法會議員時本身的責任……如果精算學家說得沒有錯，當 2033 年時，即 25 年後，我們每兩個人要照顧一個老人家、一個小孩子時，我們還是否需要他們承擔一個政策，就是每個月他們每個人為這個政策要多付 500 元一個人，是專為這個政策而定的，不理會那個老人家是有需要或不需要……」

　　雖然有些不快，但曾蔭權事後也有跟我道歉，而在答問大會第二個星期後，他宣佈將生果金增加至 1,000 元，並且擱置了 70 歲或以上長者的資產審查機制。

第十章
國家領導人與我

建國 70 周年，
登上天安門城樓
閱兵觀禮

不少人都知道，我與國家同齡，都是生於 1949 年，對國家有深厚感情，但一生人當中，能與領導人一齊登上天安門城樓閱兵觀禮只有兩次，一次是建國 70 周年，另一次是建黨 100 周年。場面壯觀又震撼，我深感榮幸，也令我憶起對各位領導人的思念。

鄧小平

我最先接觸，又令我極為欽佩的，必定是「一國兩制」總工程師、已故國家領導人鄧小平。我第一次見到鄧公是在 1987 年 4 月 16 日，我擔任基本法起草委員會委員的時候，他十分客氣，徐徐走來，跟 50 多名草委逐一握手，我深受感動。

他當時精神很不錯，跟大家講話，完全沒有訓示的意味，仿如與朋友聊天。不過，我得承認，鄧公說話時四川口音很重，當時我普通話還不是太靈光，加上現場音響設備較差，有時難以聽懂，但鄧公的英明決策、充滿着誠意的講話，至今還歷歷在目。

「一國兩制」是創新的概念，香港 1997 年回歸以後要如何實踐？當時草委心裏都沒有底，特別在處理未來政制的安排上，這也是大家爭議較多的地方，而鄧公卻提出，香港「不能照搬西方的一套」，即使搞普選，也要一步一步來，要循序漸進，這後來成為了草委處理政制時的指導思想。

全體基本法起草委員會委員與中央領導人合照（第五排右六）

1987 年 4 月 16 日，鄧小平會見出席香港特別行政區基本法起草委員會第四次
全體會議的全體委員（圖片來源：文匯網）

就香港人對未來的疑慮，還是由鄧小平率先回應，強調對港政策 50 年不變，而且「50 年以後更沒有變的必要」，足見鄧公是個「高瞻遠矚」的人，很多事情他都能洞悉先機，他有一個很寬廣的胸懷，同時又看得很遠，提醒如果不這樣做，會有什麼影響。因此，鄧公亦強調保留中央的某些權力，對香港是有利無害的。

　　特別是在 1989 年六四事件之後，人心不穩，當草委恢復工作後，鄧小平接見所有草委，再次逐一和草委握手，然後主動講話，穩定軍心，也鞏固了起草《基本法》的工作。

　　在起草工作完成之後，於 1990 年 2 月 17 日，鄧小平在人民大會堂又一次會見我們，我記得他當時作了簡短的講話，他說《基本法》有好重大的意義，不止是過去、現在，還有未來。回歸超過 25 年，香港經歷種種風波，但《基本法》依然經得起考驗，為香港解決發展過程中出現的問題，提供了方向和指引。國家改革開放至今取得巨大成就，鄧小平實在居功至偉。

江澤民

　　要説在八九六四後能走出去，重新建立國際外交關係；在困難時期臨危受命，帶領中國走出逆境，鞏固國力，一定是剛離世的國家前主席江澤民。

　　江澤民在外交上的貢獻不能磨滅，六四後正當世界各

1992 年 7 月，民建聯首次訪京，獲時任中共中央總書記江澤民接見（前排左三）

萬丈光芒慶回歸
HONG KONG 97 SPECTACULAR

香港明天更好

江澤民
一九九七年六月十八日

江澤民對香港的祝福

國都孤立中國時，他多次外訪，對外建立友好關係，開拓
中國外交上許多新氣象，也與很多國家包括美國，建立了
良好關係。

他不但對國家、對黨有重大貢獻，而且非常關心香港，
即使在中英交惡之下，仍令香港順利回歸，在香港困難時，
給予香港信任、鼓勵和極大支持。

江澤民是眾多領導人訪港最多的一位，先後有四次，
他不但參與香港回歸的交接儀式，宣佈香港特別行政區的
成立，在香港回歸祖國一周年時候出席慶典，又參加《財
富》全球論壇香港年會，以及第二屆香港特區政府的就職
典禮。

江澤民親民形象也是深入民心。我依然記得,在回歸一周年他訪港時,突然提出要落區接觸市民,當時由民政事務局局長藍鴻震負責安排,初時大家都很擔心,因為江澤民落區及到商場視察,會吸引很多市民聚集,不可能有特別的安排,到時造成混亂,或出現安全問題,便難以處理。

當日在馬鞍山新港城中心便有超過千名市民守候和圍觀,不少市民向江澤民揮手,他又不時以廣東話說一兩句說話,親和力和感染力十足,令大批市民都想擁上前跟他握手,大受市民歡迎。

曾慶紅

不過,要數我印象最深刻的,便是國家前副主席曾慶紅,不但因為他曾向民建聯贈予八字真言,我跟他也有較密切的接觸,並曾協助安排他進行家訪。

中央領導人提出家訪,也數曾慶紅是第一位,有關方面要求安排到私人樓宇訪問住戶,幾經努力,在九龍灣得寶花園找到一位工聯會會員蘇先生,這四口之家,育有一對孿生女兒。

當時大費周章作出了安排,雖然我們沒有告知蘇先生是領導人探訪,蘇先生一家都特意清潔家居,搬動魚缸,令空間更寬敞。儘管要考慮安全問題,但總不能「封樓」,於是在不太多人探訪的情況下,我和黃國健、鄭耀棠,陪同曾

2003 年 9 月，民建聯訪京，獲前國家副主席曾慶紅接見（左一）

與曾慶紅握手（圖片來源：中新社）

慶紅及時任特首曾蔭權等一行人，前往探望蘇家。

到達後便介紹戶主是工聯會會員，記得曾蔭權當時向副主席半開玩笑地投訴工聯會，指出工聯會經常向政府提出頗為尖銳的意見，黃國健即時辯解，工聯會是政府的「諍友」，曾慶紅即時說，「諍友」是最好的朋友，意思即最坦誠、敢直言相勸的朋友，他真的是一位又聰明、反應又敏捷的領導人。

曾慶紅在蘇家逗留了約二十分鐘，離開前，便送了一套江西景德鎮茶具給蘇家留念，而蘇家則回贈一個用香珠砌成的「福」字。曾慶紅看到非常高興，立即說「福為民開」，並努力地以不純正的廣東話說了多遍「福為民開」，反映他文思敏捷，大家都開懷大笑。

2006 年 9 月國家副主席曾慶紅在釣魚台國賓館接見民建聯 12 名核心成員，並且送上「內強素質，外樹形象」八個字。當時他向我們表示，是首次以中央港澳工作協調小組組長身份接見民建聯的，該小組是因應 2003 年出現了一連串的社會事件，建制派在區議會選舉大敗之後，中央總結經驗，聯合 18 個部門而組成的，專責處理港澳工作。

他贈予民建聯的真言，極具針對性，而且準確，更成為民建聯的座右銘，至今都仍然適用：在內，要培訓人才，強化研究，增加內在的能力和質素；在外要建立好公眾形象，成為一個真誠為香港市民，愛國愛港的政治團體。

令人難忘的是他對民建聯發展的掌握，曾慶紅能即時

提及民建聯在 2003 年只有 1,800 名會員，但在 2006 年已有逾 7,712 人，而且連個位數也沒有記錯，令在場的民建聯成員都感到鼓舞，覺得他很關心民建聯的發展。

張德江

全國人大常委會前委員長張德江，與民建聯也有相當深的交往，在 2015 年民建聯新領導層接班之後，曾獲安排到北京訪問。他清楚指出，民建聯成員是老、中、青三代結合，完成新舊交替，並讚揚新班子有朝氣、有幹勁、專業性強、社會形象好，對香港繁榮穩定做了很多的工作，對我們予以充分肯定。

跟曾慶紅一樣，張德江也贈予民建聯八字真言：「擇善固執，有所作為」，可能當時是在違法「佔中」之後，他解釋，「擇善固執」就是要選擇一些正確的東西，而且要堅守這些東西，希望民建聯能團結各界人士，為維護國家的主權、安全和發展利益，為香港發展等事情上，發揮更積極的作用。「有所作為」，則是要堅持愛國愛港，並舉起這面旗幟，獲得更多認同，壯大隊伍，要旗幟鮮明，敢於擔當。他亦再次肯定民建聯在政改 20 個月期間的努力。

當時我雖然退下了主席的工作，但仍跟張德江接觸，印象較深一次是他問我年紀有多大，着我保重，但他還較我年長三歲。他曾邀請我到深圳見面，討論香港形勢，交流意

2015 年 7 月，民建聯訪京，獲時任全國人大常委會前委員長張德江接見

向华侨华人致敬！

張德江

二○○七年七月十九日

見時，並不拘謹，可以暢所欲言。

張德江平易近人，2016 年他來港出席「一帶一路」論壇時，也是為國家主席習近平出席香港回歸 20 周年前夕作好準備。違法「佔中」之後，香港形勢複雜，他來港反應正面，也有接見各界人士。他當時強調，「不忘初心」是中央精神，中國共產黨使命，要牢記這使命，不忘「一國兩制」。曾鈺成是時任立法會主席，能走到張德江身邊，於是我請曾鈺成拿着民建聯刊印的《基本法》小冊子，請張德江簽名，然後在民建聯籌款晚會拍賣，籌得 100 萬元。

我曾見過的領導人中，除上述四位有較深認識外，還有中共中央前總書記胡耀邦、國務院前總理李鵬、國務院前總理朱鎔基、國務院前副總理錢其琛、國家前主席胡錦濤、全國政協前主席賈慶林、全國人大常委前委員長吳邦國和栗戰書、國務院前總理李克強、國家副主席韓正，以及國家主席習近平。

胡耀邦

跟中共中央前總書記胡耀邦認識，已經是 70 年代末期的事，當時工聯會曾應中華全國總工會邀請，組團到北京，我作為團長出席了五一勞動節勞動模範頒獎禮，與胡耀邦首次見面及合照。

李 鵬

1996 年我隨民建聯訪京，得到時任國務院總理李鵬接見，他很肯定民建聯的工作，指民建聯一直支持愛國愛港原則，在團結港人特別是在組織基層群眾參與香港後過渡期有關事務上，做了不少工作，亦起了積極作用。他亦坦言，跟民建聯的接觸不多，但認識不少成員。在特區籌委會成立大會上，曾跟曾鈺成及我共進晚餐。

朱鎔基

回歸前每年民建聯都會到北京訪問，每次都會安排領導人和我們見面。由於大家都很欣賞朱鎔基總理處事作風和態度，所以希望訪京時有機會跟他會面，結果他在百忙中特別抽空與我們在人民大會堂見面。雖然匆忙，在會上他表示，認識我們好些民建聯成員，其中一位是我，還有曾鈺成等，可能與我們在社會上有一定知名度有關。他十分關心香港發生的事，稱每日會直接看兩份香港報章。大家都很敬重他，覺得他一心為國家。

錢其琛

至於主管港澳事務的國務院前副總理錢其琛，我發現

1996 年民建聯訪京，獲時任國務院總理李鵬接見

譚情說政40年 —— 從打工仔到全國人大常委

1992 年 12 月民建聯第二次訪京，會見時任外交部長錢其琛

這位曾擔任外長的高人，不但是謙謙君子，而且很有學問。我仍記得曾提出一條「傻」問題，問他為何中國在聯合國會議上，很多時候都投棄權票，他回答時指出，有些議題，既不想支持，又不想反對，於是便選擇棄權。

胡錦濤

國家主席胡錦濤在香港回歸之後第二年訪港，出席香港回歸祖國紀念碑揭幕儀式，我當時是行政會議成員，所以有機會在禮賓府與他會面及合照，他當時不但跟我握手，還很親切地跟我表示曾經見過我，會上大家都細心聆聽他的發言。

賈慶林

我曾經擔任全國政協委員、專門委員會副主任，所以也認識政協前主席賈慶林，他在任期間香港比較平靜，為人親切，每次全國政協開會，他都會宴請港澳政協，不時向我們祝酒，鼓勵我們做好香港工作，服務市民。

李克強

我與國務院前總理李克強也很有緣，記得有一次出席

2003 年 3 月 7 日，與時任國家主席胡錦濤握手

時任國家副主席胡錦濤於 1999 年 6 月 30 日，在禮賓府與特區主要官員、行政會議成員及立法會主席合照（我在第二排左三）

全國人大主席團會議時，我在人民大會堂坐電梯，便曾巧遇李克強，當時李飛主任介紹我給李克強認識，他即時表示認識我。由於他很匆忙，沒有機會交談。像中國一個 14 億人口的大國，當總理真不容易。

韓正

早在國家副主席韓正擔任上海市長時，民建聯為了加強滬港合作，2003 年便曾到上海訪問，會見韓正。他在上海有豐富管理經驗，為人隨和，談話親切，是個謙謙君子。當他出任副總理時，我也有機會跟他在深圳會晤。他熟悉和關心香港，在 2019 年區議會選舉前夕，他有邀請我分析選舉情況，並囑咐要全力以赴。

栗戰書

2018 年栗戰書擔任全國人大常委委員長，在第一次會議後，他便着秘書找我見面，但很可惜，當時我正趕往機場乘飛機回港，只好向其秘書表示來不及，於是錯過了跟委員長見面的機會。

在 2019 年國慶 70 周年，我有幸登上天安門城樓觀看閱兵儀式。在儀式以後，遇上栗戰書委員長，我抓緊機會提出合照要求，他馬上表示為何不可以，他直率爽快的態度，

2003 年 10 月民建聯在港與韓正會晤

與時任全國人大常
委委員長栗戰書
（左）合照

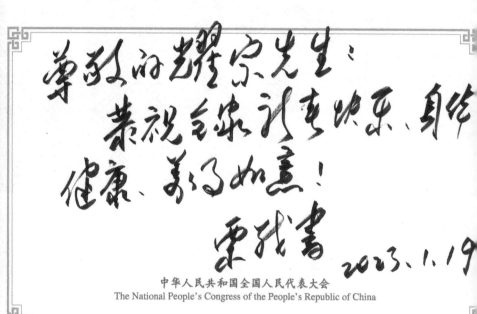

尊敬的光耀宗先生：
恭祝台端諸事順系、身体
健康、萬事如意！
栗戰書
2023, 1, 19

中华人民共和国全国人民代表大会
The National People's Congress of the People's Republic of China

竟令我忘記更換「黑超」眼鏡。

其後兩次在 2020 年，當時香港有「黑暴」事件，他很關心我安全，親切地問候；另一次是通過《港區國安法》前，聽取我和譚惠珠相關的意見，以及如何做好對法例的宣傳工作。

習近平

國家主席習近平是我見得最多的國家領導人，因為我有幸出席中央舉辦的盛大活動，以及全國人民代表大會全體會議，但大都是遠距離的接觸，而最直接的接觸，則是在 2018 年由時任特首林鄭月娥帶領 100 多人代表團，出席國家改革開放 40 周年慶祝活動。當時習主席逐一與參加者握手，當我握着主席的手時，很多話想講，但說不出來，習主席即時對我說「辛苦你了」，我頓時心裏激動，心想更艱難的事都變得不成問題。

在 2017 年習主席出席慶祝香港特區回歸祖國 20 周年大會時，我也有出席，我看見習主席散發出運籌帷幄、具有信心、能掌握形勢及大局的氣勢，是一位日理萬機的領袖。可惜在 2022 年習主席出席慶祝香港回歸祖國 25 周年大會暨香港特區第六屆政府就職典禮時，因為我染上了新冠肺炎，無緣再跟習主席見面。

不過，習主席每次重要講話，我都細心聆聽，認真學

2017 年 7 月習近平視察香港期間，會見各界代表人士（圖片來源：文匯報）

2018 年 11 月 12 日，國家主席習近平在北京人民大會堂會見香港澳門各界慶祝國家改革開放 40 周年訪問團

習。他每次講話內容都精準地總結、分析和指出問題所在，展示未來發展方向，並有鼓舞人心的作用。

代言人

會見各位領導人，通常都有一個特點，就是我會忽然成為「代言人」，雖然這並非刻意安排，但因為我與傳媒較熟絡，傳媒也想知道領導人的講話，若內容可以透露，我會把重點告知媒體，好讓他們能向公眾傳遞相關訊息。

故此每次我都會小心聆聽，有機會便以筆錄方式記下來，有不明白的地方，會與身邊相關出席者請教。其實中央領導講話精神是有連貫性，思路清晰，而我從 1985 年參與起草《基本法》的工作，對「一國兩制」已有深刻認識，所以相對較容易拿捏。

如果跟領導人會晤時，我有機會發言，我一定反覆思量，怎樣抓好機會，把香港最真實情況，以及有什麼意見和提議，坦誠地向中央領導反映，絕不會浪費這難得的機會。

第一章
《中英聯合聲明》
的誕生

1984 年 9 月 26
日《大公報》

《中華人民共和國政府和大不列顛及北愛爾蘭聯合王國政府關於香港問題的聯合聲明》(《中英聯合聲明》)，標誌着香港特別行政區於 1997 年 7 月 1 日正式回歸祖國，亦結束英國對香港的管治，香港人終於可以當家作主。

中英談判經過 22 個回合，最終於 1984 年 9 月 26 日在北京草簽關於香港問題的聯合聲明和三個附件，並於 1984 年 12 月 19 日在北京人民大會堂西大廳正式簽署《中英聯合聲明》，確保「一國兩制」、「港人治港」和「高度自治」。

見證歷史時刻

當年逾一百名嘉賓應邀到北京觀禮，當中包括港英政府高官、行政立法兩局議員、市政局議員、區議會議員和工商、專業、金融、教育、宗教等人士出席，我當時是工聯會副理事長，也有幸以勞工顧問委員會身份，代表勞工界見證這個歷史時刻。

我當時向記者表示：「今次能以工會代表身份參加觀禮團，非常榮幸，這是一個很有意義的日子，因為中英兩國政府能在互讓互諒的原則下，通過談判協商解決這個歷史遺留下來的問題。中國政府、英國方面與及香港市民都認為這個解決辦法非常理想的，亦希望這作為一個良好開端，今後繼續在中英兩國友好合作下，相信香港前途將更加美好燦爛。」

《中英聯合聲明》有五大重點，第一、中國可以於 1997
年 7 月 1 日恢復對香港行使主權；第二、香港特別行政區
享有高度的自治權；第三、香港特別行政區享有行政管理
權、立法權、獨立的司法權和終審權，而且現行的法律基
本不變；第四、香港特別行政區政府由當地人組成；第五、
香港的現行社會、經濟制度不變；生活方式不變。香港特
別行政區依法保障人身、言論、出版、集會、結社、旅行、
遷徙、通信、罷工、選擇職業和學術研究以及宗教信仰等
各項權利和自由。私人財產、企業所有權、合法繼承權以
及外來投資均受法律保護。

　　聲明內容有很多中國政府對香港的基本方針政策，說
明在「一國兩制」之下，香港原有資本主義制度不變，香港
人有權當家作主，毋須再受英國政府的官員管治，並且說明
50 年內不變。

「主權換治權」

　　香港前途問題，最早始於新界租約將於 1997 年 6 月 30
日到期，而 1970 年代香港正籌劃多項大型基建，投資回本
期往往跨越 1997 年，香港政府知道租契必須清晰才能籌集
資金。1979 年時任港督麥理浩訪京，以探聽中方對香港前
途的取態，當時國家領導人鄧小平已明確表示，中國將於
1997 年收回香港，香港可以繼續實行資本主義。

　　中英談判幾經波折，才有今日的成果，猶記得 1982 年

1982 年 9 月 24 日，鄧小平會見戴卓爾夫人，明確闡述中國對香港問題的基本立場（圖片來源：文匯網）

英國在福克蘭戰役打勝仗，英國首相戴卓爾夫人挾着餘威到北京跟鄧小平談判，提出以「主權換治權」，續租香港，但遭鄧小平一口拒絕。她離開人民大會堂時，便在石階上跌到，經典一幕，至今為人津津樂道，暗示英國政府肯定在談判上栽了跟斗，跌了一跤。

以「主權換治權」根本不可能，我支持香港回歸祖國，反對不平等條約，為何港人不能當家作主，由港人來管治香港？當年也有很多政商界名人，組成青年才俊團，飛到北京爭取「主權換治權」，表示盼望延長過渡期，繼續由英國治港。我認為，主權談判是兩個國家之間的事，當然是由中國作為我們的代表，並不適合由香港人介入，對才俊團上京，我也不以為然。

不存在「三腳櫈」

1984 年 6 月，行政局首席非官守議員鍾士元、立法局非官守議員鄧蓮如、利國偉等人又以「為民請命」姿態到北京訪問，說港人對中央的「一國兩制」政策缺乏信心，企圖說服中央不要急於收回香港。

鄧小平接見了他們，作出嚴厲批評說：「你們說香港人沒有信心，其實是你們個人的意見，概括起來就是你們對中國政府所制定的政策不信任。」鄧小平強調，無論如何談判都是中英兩國之間的事，所謂「三腳櫈」不存在，只有「兩腳櫈」，香港不應插嘴。

我很同意中英談判是主權問題，是兩國之間的事，香港不應自以為是以獨立的實體參與談判，這樣做既不應該，也不合適。工聯會當時立場鮮明，支持回歸，難得的是當時的匯點或者其他反對派組織，都沒有人走出來，反對中國收回香港。

中英雙方談判的過程非常保密，雖然不時有記者追訪，但始終都沒有透露內容。記憶之中，每次談判發表的聯合新聞公佈，不時都只是用「有益」、「有建設性」或者「取得進展」等字眼，傳媒不時會以這些字眼來衡量談判的進展。

翻查記錄，第二階段第一輪會談於 1983 年 7 月中舉行，會談後中方稱「雙方進行了有益的和建設性的會談」，第二輪緊接在十日之後，會談後外交部新聞司司長齊懷遠

表示，中英雙方進行了兩天「有益」的會談。

不過，1983 年 8 月初第三輪會談，便變成「雙方舉行了進一步會談」，並無任何「有益、有建設性」的字眼。接連 9 月的會談，中國外交部發言人表示，雙方舉行了進一步會談，甚至沒有下次會談的日期，結果傳出談判破裂的消息。

黑色星期六

事件觸發香港的經濟和信心危機，發生「黑色星期六」事件，港元匯率一度急挫至 1 美元兌 9.6 港元新低位，市民爭相搶購生活必需品，超市糧食幾乎被搶購一空。幸好當時的震盪很短暫，港英政府推出港元與美元掛鈎的聯繫匯率制度，港元才穩定下來。

我和工聯會都是一貫愛國，喜迎回歸，香港人終於可以成為香港真正的主人。當然我亦明白當時港人的情緒，因為中國的改革開放只是實行了短時間，內地經濟遠不及香港，港人都擔心，回歸之後，香港變成另一個內地城市，經濟會急轉直下。有這些疑慮不足為奇，但我相信，結束港英殖民管治，香港人的權益會獲得重視，他日港人治港，權益更有保障，明天一定會更好。

眼見不可能以「主權換治權」，戴卓爾夫人於同年底表示，雙方可在中國建議的基礎上探討香港過渡的持久安排，於是第五輪會談恢復。會談後中國外交部發言人表示，雙方

舉行了有益的和建設性的會談。之後的談判，英方再沒有堅持英國保持香港治權，也沒有謀求任何形式的共同管治。

生 金 蛋 的 鵝

英國不願意交還香港顯而易見，誰人願意放棄一隻會產下金蛋的鵝？英治時代，香港為英資公司帶來龐大的經濟利益，回歸之後這些利益是否能夠持續，英資公司能否一如既往得到港英政府庇蔭，便成為英國及英資公司考慮的要點。雖然鄧小平一再強調，香港實行資本主義不變，但英資公司都會權衡利害。

怡和集團在 1984 年初宣佈，將總部遷至百慕達。儘管怡和強調不是撤離香港，而是希望今後仍在英國法律下經營，不希望把全部雞蛋放同一籃子裏，但遷離明顯是提早部署，以防香港回歸之後，有任何侵害公司利益的情況出現。

跛 腳 鴨

沒有了主權和治權的爭拗，雙方談判應該很順利，直至要成立中英聯合聯絡小組，保證過渡期香港局勢能保持穩定，又出現了「跛腳鴨」風波。根據《周南解密港澳回歸──中英及中葡談判台前幕後》一書所指出，英方認為沒有必要成立中英聯合聯絡小組，擔心小組變成「太上皇」或

者「第二個權力中心」，港督就變成走不動的「跛腳鴨」，更有報章形容：「好比人還沒死，辦喪事的人就已經闖進門來了。」結果談判又僵住。

及後雙方達成共識，聯合聯絡小組並無實權，在《中英聯合聲明》生效後成立，不會即時進駐香港。為免英方沒有面子，也同時答應在回歸之後，聯絡小組繼續多運作三年。《中英聯合聲明》附件二列明小組的職權，第六段寫明「聯合聯絡小組是聯絡機構而不是權力機構，不參與香港或香港特別行政區的行政管理，也不對之起監督作用」。小組在《中英聯合聲明》生效時成立，於 1988 年 7 月 1 日起進駐香港，工作至 2000 年 1 月 1 日為止。

問題解決之後，1984 年 9 月 18 日雙方就全部問題達成協議，協議的文字措辭反覆磋商，並於 9 月 26 日草簽《中英聯合聲明》和三個附件，於 1984 年 12 月 19 日，由中國國務院總理趙紫陽與英國首相戴卓爾夫人作為兩國政府首腦，在北京正式簽訂。

50 年不變

為了穩住香港民心和民情，鄧小平在談判期間，不時接見香港工商、專業、政界等不同訪京團體，確保「一國兩制」、港人治港及 50 年不變的方針。他當時曾說：「北京除了派軍隊以外，不向香港特區政府派出幹部，這也是不會改

變的。我們派軍隊是為了維護國家的安全，而不是去干預香港內部事務。我們對香港的政策 50 年不變，我們說這話是算數的。」

鄧小平當年高瞻遠矚，也非常坦誠，不會只是誇誇其談，也因為他的威信，增加了知名工商專業界人士的信心。那麼是否過了 50 年便會改變？鄧小平在 1987 年會見香港特別行政區基本法起草委員會委員時這樣說：「我還要說，50 年以後更沒有變的必要……所以我說，按照『一國兩制』的方針解決統一問題後，對香港、澳門、台灣的政策 50 年不變，50 年之後還會不變。當然，那時候我不在了，但是相信我們的接班人會懂得這個道理的。」

鄧小平在 1988 年一個國際會議「九十年代的中國與世界」的發言時甚至再重申：「對香港的政策，我們承諾了 1997 年以後 50 年不變，這個承諾是鄭重的。為什麼說 50 年不變？這是有根據的，不只是為了安定香港的人心，而是考慮到香港的繁榮和穩定同中國的發展戰略有着密切的關聯。中國的發展戰略需要的時間，除了這個世紀的 12 年以外，下個世紀還要 50 年，那麼 50 年怎麼能變呢？現在有一個香港，我們在內地還要造幾個『香港』，就是說，為了實現我們的發展戰略目標，要更加開放。既然這樣，怎麼會改變對香港的政策呢？實際上，50 年只是一個形象的講法，50 年後也不會變。前 50 年是不能變，50 年之後是不需要變。所以，這不是信口開河。」

「一國兩制」的必要

　　「一國兩制」是有必要存在，由 2023 年 7 月 1 日計，過去 26 年已證明「一國兩制」可行，得到香港人、14 億中國人民和全世界的支持，是良好的制度，毋須改變。正如習近平主席在十九大報告中強調，必須把維護中央對香港、澳門特別行政區全面管治權和保障特別行政區高度自治權有機結合起來，確保「一國兩制」方針不會變、不動搖，確保「一國兩制」實踐不變形、不走樣。

　　習近平主席在二十大報告中也再強調，「一國兩制」是中國特色社會主義的偉大創舉，是香港、澳門回歸後保持長期繁榮穩定的最佳制度安排，必須長期堅持。可見「一國兩制」和資本主義不會改變，變成了「一國一制」也沒有意思，特別是回歸初期，國家對香港充滿信心，根本不想管，但卻縱容了反對派，令「一國兩制」受到極大衝擊。

　　《中英聯合聲明》是當時處理香港回歸祖國的歷史性文件，而在聲明內，中方就未來對港政策作出多方面的承諾，而且透過《基本法》完全體現，當中內容有過之而無不及，比如行政長官的產生，《中英聯合聲明》第四條是說通過當地選舉或協商產生，立法會選舉只是由選舉產生，根本沒有提及普選二字，但這些都在《基本法》內逐一列明。

第二章
《基本法》的煉成

基本法諮詢委員會籌劃小組於 1985 年舉行首次會議（我在左一）

《基本法》由 1990 年 4 月 4 日公佈至今已經 33 年，我很榮幸可以參與其中。過程之中我由不懂《基本法》，到見證國家把在《中英聯合聲明》的承諾變為《基本法》的內容，經各專家仔細的討論，再加上基本法諮詢委員會的協助，在各方的共同努力下，終於完成光榮任務，也令我對「一國兩制」有深刻的理解。

　　160 條《基本法》條文加上三個附件，組成了香港特別行政區的小憲法。討論和草擬時間長達四年零八個月，雖然說是由 59 名基本法起草委員會（草委會）委員草擬，但經過「三上三落」的過程，徵集近八萬份意見和建議書，才能有今日的《基本法》。

　　《中英聯合聲明》簽署後，1985 年第六屆全國人民代表大會決定，成立香港特別行政區基本法起草委員會，負責起草《基本法》。草委會共有 59 名委員，其中 23 名為香港委員，36 位是內地委員，主任委員由姬鵬飛擔任。基本法諮詢委員會亦於同年成立，成員共有 180 名，全是香港人，負責在香港徵詢公眾對《基本法》草案的意見，主任為安子介。

　　在中英談判時，雖然香港不適合參與其中，但《基本法》是香港的小憲法，是香港人的事，所以中央在《聯合聲明》簽署之後，便充分讓香港人參與起草《基本法》的工作，不但有基本法起草委員會，而且草委會首次會議就決定了委託在香港的委員，發起籌組社會代表性廣的基本法諮詢委員會，讓港人意見更有效地反映到《基本法》的起草工作

全國人大常務委員會委員長、副委員長和香港特區基本法起草委員會全體委員合照（我在第三排左五）

中，委員來自香港各個界別，包括商界、勞工、政界、專業界、宗教、公務員、小商販、教師、學生等。

起草困難重重

《基本法》起草初期，實在有很多困難，作為律師的廖瑤珠曾指出，兩地體制不同，一個行社會主義，一個行資本主義；在法律上，一個行大陸法，一個行普通法，所以難度極高，但這些困難後來都能夠一一拆解。

為了應付高難度的任務，草委分成五個由內地和香港委員共同組成的專題小組，分別是「中央和香港特別行政區的關係」、「居民的基本權利和義務」、「政治體制」、「經濟」和「教育、科學、技術、文化、體育和宗教」，每位委員可以參加兩個小組，我出身勞工，所以便參加了第一和第二個小組，而最多人參與的自然是政制那一組。

各專題小組先後共舉行了 73 次小組會議，並廣泛諮詢香港社會各界意見，起草《基本法》各部分的具體條文，然後再由總體工作小組進行修改調整，最後形成了《基本法草案徵求意見稿》，並在 1988 年 4 月通過。《基本法草案徵求意見稿》發表後，起草委員會用了五個月時間在全國範圍徵求意見，對條文修改超過 100 處，涉及實質內容修改有 80 多處，其中有 50 多項修改是來自基本法諮詢委員會收集的意見。

1989 年 1 月，基本法起草委員會第八次全體會議通過了《基本法（草案）》，當時條文是逐項以不記名投票方式表決的。同年 2 月，全國人大常委會公佈《基本法（草案）》，並繼續在香港和內地廣泛徵求意見。起草委員會在 1990 年 2 月第九次全體會議上，以三分之二多數通過了對《基本法（草案）》的 24 項修改提案。1990 年 4 月 4 日，全國人大審議通過《基本法》。

　　我當時有深刻感受，草擬時談及的每字、每句、每個標點符號，大家都很認真地討論，畢竟這是管治香港 50 年及以後須要用的小憲法。也有人曾質疑為何《基本法》草擬用五年之久。說實在，這可是前所未有的法典，不但要熟知香港運作、市民心態，也要了解一國，才知兩制該如何體現。

「三上三落」

　　我當時任立法局議員，對政府政策和運作都比較熟悉，但草擬屬憲法性質的文件是何等大事，提出自己的想法時我都十分謹慎。所以要處理好草委工作，聆聽和收集市民意見更形重要，取得的意見也不是全都加入《基本法》，關鍵的才寫進去，而且所有內容都要經過協商，得到三分之二的草委同意，才能成為《基本法》的條文。

　　為了更充分地掌握民眾訴求，在香港舉行了多次大規

模的討論，廣泛徵求意見。所謂「三上三落」，是草委先討論，有意見便會製成諮詢文件交諮委，諮委又會聯同草委一同聽取社會大眾的意見，再由諮委寫成建議書，交還草委，草委再決定是否納入《基本法》內容之中。

草委會極為重視信息公開透明，每次會議之後都舉行記者發佈會，由內地與香港的小組召集人共同向傳媒介紹會議情況、討論的內容等，藉此增加香港人對《基本法》的信心。

我參加的「中央與香港特別行政區的關係」小組，重點研究中央保留什麼權、授予多少權給特區。以《基本法》第 17 條為例，當時便解決了立法審查權問題，《基本法》賦予香港特區立法權，但審查法律是否符合《基本法》的權力屬於全國人大常委會。

成功加入退休保障

另一個我參與的「居民的基本權利和義務」專題組，我便成功爭取把退休保障加入《基本法》之內。港英時期香港打工仔沒有任何退休保障，在立法局內多次爭取不果，所以我希望將有關條文寫入《基本法》之中。當時這個意見得到了大部分草委的支持，經投票通過後，最終成為《基本法》第 36 條：「香港居民有依法享受社會福利的權利。勞工的福利待遇和退休保障受法律保護。」不過，集體談判權就無

修 改 提 案

編号：002

提案人姓名	譚耀宗
提案标题	加 "退休保障" 一詞
提案时间	1989 年 1 月 10日

提 案 內 容

我們建議修改第三章以下條文：

第三十六條：
　原文：「香港居民有享受社會福利的權利，勞工的福利待遇受法律保護。」

　建議修改：「香港居民有享受社會福利的權利，勞工的福利待遇及退休保障受法律保護。」

　理由：香港人口老化日趨嚴重，若沒有制定退休保障，日後會對未來的特區政府造成沉重的社會福利開支的負擔。

提案人簽名：譚耀宗

聯署人簽名：司徒華

共 ／ 頁第 ／ 頁

提出修改提案，加入「退休保障」一詞

法放入《基本法》，內地委員認為，既然港方委員意見分歧，就留待特區政府處理。

針對全國性法律，亦作出了規定，不是隨意可以加入，要先列入《基本法》附件三才可在香港特區實施，而且僅限於有關國防、外交和不屬於香港特區自治範圍的法律，過程中全國人大常委會也要徵詢基本法委員會和特區政府意見，而且最終由特區本地公佈或立法實施，整套機制相當嚴謹，平衡了各方面的考慮。

衝擊

草委會在當年運作上，雖然大家經常有不同意見，卻是和而不同，透過磋商解決。不過並非無風無浪。八九六四帶來的衝擊，影響了草委會的工作，對政治體制重新思考，草委會因此而停止了運作數月。

當年草委中有反對派的李柱銘和司徒華，李柱銘是青年才俊團成員，曾一度指出港人治港難以實行，盼延長英國管治，他曾任大律師公會主席，又是御用大律師，成為法律界的代表。而司徒華當年富有愛國情懷，並以勞工顧問委員會勞方代表加入。兩人其後因為六四事件，曾辭任草委工作，最後被中央解除草委的職務。

不過，中央對香港的承諾未有因此而收緊或者改變，依然強調「一國兩制」、高度自治、港人治港。反之一些香港

我（右二）和李柱銘（左二）一起出席會議

人的信心動搖。因此就政制的安排，大家提出很多不同的
方案，如雙查方案、兩院制、兩局共識、190 人政制方案、
89 人方案等等，即使發生六四事件，《基本法》的最終定稿，
並沒有刪除普選字眼，只是加上一些保險條文，要按香港特
區實際情況和循序漸進原則以達至普選目標。

普選目標不變

《基本法》第 45 條是關於行政長官產生辦法：「香港

特別行政區行政長官在當地通過選舉或協商產生，由中央人民政府任命。行政長官的產生辦法根據香港特別行政區的實際情況和循序漸進的原則而規定，最終達至由一個有廣泛代表性的提名委員會按民主程序提名後普選產生的目標。行政長官產生的具體辦法由附件一《香港特別行政區行政長官的產生辦法》規定。」

當年有考慮到，實行普選，行政長官當選後，最後把關是中央任命，如果被否決，會引起憲制危機，所以選舉要有程序，在附件一行政長官產生辦法中，闡明 800 名選委如何組成、提名方法等方向，但實際進行方式則由特區政府自行通過選舉法規定。

同樣的要求，也在《基本法》第 68 條立法會產生辦法上說明：「立法會的產生辦法根據香港特別行政區的實際情況和循序漸進的原則而規定，最終達至全部議員由普選產生的目標。立法會產生的具體辦法和法案、議案的表決程序由附件二《香港特別行政區立法會的產生辦法和表決程序》規定。」

分組點票

附件也指明選舉的大方向，為了防止立法會內的議員出現激進和民粹主義，當年辭任行政、立法兩局議員的羅德丞便提出分組點票機制，把直選和選舉委員會及

功能組別產生的議員分成兩組，兩組都要分別過半數，方能通過議員提出的議案、法案或修正案，希望透過傾向政府的功能組別和選委會產生的議員，可以制衡激進的直選議員。

在《基本法》附件二立法會產生辦法和表決程序上，便加入了立法會對法案、議案的表決程序，引入分組點票，但與此同時也說明普選的路線圖，在 1997 年 10 年之後的安排：「二〇〇七年以後香港特別行政區立法會的產生辦法和法案、議案的表決程序，如需對本附件的規定進行修改，須經立法會全體議員三分之二多數通過，行政長官同意，並報全國人民代表大會常務委員會備案。」

儘管有種種變數，中央對香港政制發展依然採取包容態度，比如《基本法》關於立法機關的第 67 條，容許立法會議員有 20% 在外國擁有居留權。首先功能組別有特殊性，故讓持有外國居留權的人也可以參選，內地草委也明白，只要不是過半數，亦不涉主導權，便可以接受，當時剛好兩成即佔 60 名議員的 12 席，在 30 席功能組別內也不過半數，不能輕易左右投票結果。

釋法的制衡

對於回歸後不時引起爭議的釋法問題，在草委制定《基本法》時，即是 30 多年前，已預示普通法制度和大陸法制

1996 年 7 月我（右一）在街頭派發《基本法》

差異會有不同的問題產生，而當時有想法，人大常委不想隨
便就《基本法》條文作解釋。

　　《基本法》第 158 條已開宗明義：「本法的解釋權屬於全
國人民代表大會常務委員會。」不過，香港行普通法，法院
有解釋法律的權力，為免影響香港司法獨立，事事要問人
大，凡涉及自治範圍內的條款，法院都有解釋權，其他條款
也可解釋，但若涉中央事務或中央與香港特區的關係的條
款，必須在終極判決時，尋求人大常委會解釋。

　　記得當年有港人擔憂，全國人大常委會「鍾意點解釋

《基本法》都得，無保障」，所以草委會經研究後，由全國人大常委會設立香港特別行政區基本法委員會，在人大常委作出決定之前，先要諮詢基本法委員會，而委員均由全國人民代表大會常務委員會任命。對擔心有「欽點」情況，又規定香港委員由行政長官、立法會主席和終審法院首席法官聯合提名，報全國人民代表大會常務委員會任命，設有多重「保險掣」，以減低港人的憂慮。

23 條的彈性

至於引起爭議的《基本法》23 條，最重要是保護國家主權和領土完整不被侵犯，避免香港成為顛覆基地。雖然香港特區現時的《刑事罪行條例》有類似保障，但法例在港英年代是保障至高無上的英女皇，那又如何對照這些內容，作為 23 條立法的基礎？

當年李柱銘很憂心 23 條在《基本法》上會寫得「好辣」，希望不要太詳細，於是草委最終決定香港特區政府應自行立法，但沒有列明何時立法，只寫了七個方面的具體要求，包括禁止任何叛國、分裂國家、煽動叛亂、顛覆中央人民政府及竊取國家機密的行為、禁止外國的政治性組織或團體在香港特別行政區進行政治活動、禁止香港特別行政區的政治性組織或團體與外國的政治性組織或團體建立聯繫。

在起草過程中很多細節都有爭拗，但中央對香港甚為寬容，亦具有誠意，能讓香港自行處理的，都給予支持，希望獲得港人的信任，提升大家對《基本法》的信心，所以即使草委大多數是內地委員，每條條款要得三分之二委員支持，但在互諒互讓下，很多保障港人權利、港人治港和高度自治的條文，都成功納入《基本法》之內。

要修改《基本法》並不容易，草委當時已考慮到要保障少數的意見，無必要便不應輕率更改，所以修訂的門檻很高，要有香港特區全國人大代表三分之二的支持，香港立法會全體議員三分之二同意，再在行政長官認同下，才交香港特區出席全國人民代表大會的代表團向全國人民代表大會提出，而且在列入全國人民代表大會的議程之前，也要先由基本法委員會研究並提出意見，對香港有十足的保障，絕非說改便改。

多自主少規管

花了差不多五年時間才完成的《基本法》，回想起來，不但透明度高，充分讓香港人參與，而且不少都符合香港實際的情況，令港人當家作主，即使社會有改變，也沒有條文阻礙香港發展，有不清晰的地方，亦可以透過釋法處理。回歸 26 年來，釋法次數不過六次，完全有機制處理。

《基本法》中最得到各界認同的，要數第 5 條，即香港

保持資本主義 50 年不變。對於最多爭拗和最難的政制發展和 23 條立法，中央也順應民情作出調整，不會一刀切「寫死」，令內容有彈性，所以 23 條可以自行立法。政制發展可先行 10 年，之後再因應香港實際情況更改，充分體現中央對「一國兩制」、港人治港和高度自治的誠意。

消失的草委

基本法起草委員會一共有 59 名委員，包括 23 名香港委員和 36 名內地委員。不過，這個為香港特區起草《基本法》的委員會，一開始就未能集合所有委員，在首次集體照上，我便是當中消失的草委。

大概在 1985 年 6 月的時候，我正在英國倫敦政治經濟學院進修，突然收到一個電話，新華社香港分社的工作人員通知我，準備委任我為基本法起草委員會委員，問我是否接受，並告知將會在何時開會。

我解釋，當時身在倫敦，差不多完成課程，未必能趕及回國開會，會否有任何問題？後來他們回覆，首次會議若未能出席也不打緊，於是我便成為草委，卻未有參加第一次的會議。

位位猛人

起草委員位位都是知名人士，如安子介、包玉剛、霍

英東、李嘉誠等，而 23 位港方委員中，我便是最基層的代
表，也是最年輕一位，當時不過是 35 歲。

　　當委員都是香港各界響噹噹的頂尖人物，任何人缺
席，自然引起疑惑。當年包玉剛便好奇地問，為何會有
人不出席首次會議：「這麼大件事都不回來開會，這人是
誰？」時任新華社香港分社社長許家屯便解釋：「他（譚耀
宗）還在英國讀書呢！」

第三章
「直通車」出軌

1997 年 6 月 21 日，臨立會舉行過渡期最後一次會議，三讀通過《1997 年人民入境（修訂）（第三號）條例草案》等四部條例草案（圖片來源：新華社）

今時今日，「直通車」是方便內地與香港特區兩地往返的公共交通工具，以快捷方便的方式，毋須過境即時辦理出入境手續，便可以直達目的地。不過，在香港回歸之前，「直通車」是指由立法局直接過渡到 1997 年 7 月 1 日第一屆立法會的做法，但當時港督彭定康罔顧中英早有的協議，才令「直通車」出軌。

「直通車」安排

為了讓香港的政制發展可以平穩過渡至 1997 年，避免社會發生震盪，《基本法》對香港政制的過渡採用「直通車」的安排，意即中英雙方對 1995 年最後一屆立法局選舉要協商合作，令 1997 年前香港的憲制發展設計上跟《基本法》配合，香港的政治架構就可以過渡到 1997 年，而在 1995 年選舉產生的立法局議員，只要符合有關條件，便可以自動成為 1997 年後香港特區的立法會議員。這種「直通車」式的安排，使香港可以有一個平穩的政制過渡，不會在屆臨 1997 年時因為政制劇變而引起社會震盪和不安，影響繁榮和安定。

中央政府早在 1990 年公佈《基本法》同時，確立立法會未來十年產生的方法，並在第七屆全國人民代表大會第三次會議通過「關於香港特別行政區第一屆政府和立法會產生辦法的決定」，確立「直通車」的安排。

為何早在回歸前七年便作出有關安排？完全是因為中央誠心誠意，認為中英雙方在處理《中英聯合聲明》上關係妥當，即使在 1989 年發生六四事件之後，中英雙方關係大不如前，中方仍抱着最大的誠意，在《基本法》出台前，讓英方預先閱覽，英方從沒有表達任何反對意見，所以相信只要嚴格按照《中英聯合聲明》的做法，英方也會配合。

中英外長七封書信

特別是關於立法機關產生的方法，在《基本法》正式頒佈之前，中國外長錢其琛及英國外相韓達德就此交換過七封書信，雙方書面正式確認，英方接受 1991 年立法局 18 個議席由直選產生，而 1995 的選舉必須銜接 1997 年直選議席 20 席的方案，以保證保持 1997 年後的連續性，而中方亦承諾於《基本法》列明第一屆立法會直選議席 20 席、1999 年第二屆增至 24 席及 2003 年第三屆達 30 席。

有關的決定已在《基本法》附件二特區立法會的產生辦法和表決程序上體現，而且說明 2007 年可以經過一定程序，修改附件二，在《基本法》第 68 條規定更清楚表明，按照特區實際情況和循序漸進的原則，最終達至全部議員由普選產生。

為了令「直通車」可以依法開行，在 1990 年正式頒佈《基本法》的同時，第七屆全國人民代表大會第三次會議便

通過,「原香港最後一屆立法局的組成如符合本決定和香港特別行政區基本法的有關規定,其議員擁護中華人民共和國香港特別行政區基本法、願意效忠中華人民共和國香港特別行政區,並符合香港特別行政區基本法規定條件者,經香港特別行政區籌備委員會確認,即可成為香港特別行政區第一屆立法會議員。」

儘管早已安排 1995 年產生的立法局可以按照相關的規定,毋須再次通過選舉,直接過渡至 1997 年第一屆立法會,可惜英方更換了由外交官出任港督的慣常做法,轉而派出在英國大選中落敗的保守黨主席彭定康出任此職位。他 1992 年來港履新之後,更帶來翻天覆地的轉變,直接令「直通車」翻車。

「光榮撤退」

民建聯雖然只有我這一名立法局議員,彭定康來港履新不久,便邀請民建聯負責人會面。我仍記得當日彭定康的舉措,當大家安坐在他辦公室之後,他走到寫字枱旁,拿出一張紙,並以鉛筆在上面寫了點東西,然後便拿起走向大家,紙上只有兩個英文字:「Honorable withdrawal(光榮撤退)」,他說,這便是他就任最後一屆港督的職責和任務。

所謂「光榮撤退」,在大英帝國的歷史上,就是把殖民地民主化,甚至讓其獨立自治,無論體制和文化上更接近、

甚至親近英國，確保英國經濟利益受到保障，用的方法在香港也屢見不鮮，採用精英主義、以夷制夷等方法，讓精英進入政府體制，負責管治香港人。在香港與內地體制不同和經濟有顯著的差異下，再加上六四事件，利用港人對回歸後的憂慮，英國便以民主抗共方式，致力鞏固原有勢力，最後導致原先達成的共識遭到彭定康的挑戰。

要做到「光榮撤退」，彭定康便先從政改入手。他抵港不久，便提出九二政改方案，不但行政立法兩局分家，立法局主席也不再由港督擔任，而是由議員互選產生，並把立法局選舉的投票年齡降至 18 歲。更有甚者，把原有功能組別的團體票改為個人票，新增 9 個功能組別，一下子擴大選民資格至逾 270 萬工作人口；除了新界區議會的當然議席之外，全數區議員由直選產生，不論市政局、區域市政局和區議會，全面取消委任議席。

違反《基本法》

在彭定康以《施政報告》提出政改建議後，我於 1992 年 10 月立法局《施政報告》致謝動議辯論時便指出，「以民選區議員組成 1995 年的選舉委員會（選委會），不符合《基本法》附件一由 800 人分四組組成選委會，而新九組設計，以選民職業界別劃分一人一票，亦與直接選舉無異，明顯違背了《基本法》起草時，功能界別以公司或團體票選舉的考

慮。《施政報告》的建議是漠視了《基本法》對功能團體選舉的理解，破壞了政制應循序漸進發展的原則，對此我亦深感遺憾。」

彭定康的九二政改方案完全背離《基本法》和中英雙方外交部長的共識，但作為政客的彭定康似乎並不知道有七封外交函件，而且照樣以其政改方案向時任國務院港澳辦主任魯平推銷，試圖迫使中方接受。

千古罪人「三違反」

一個變相增加直選議席的方案，完全不顧《基本法》和早前中英雙方的共識，自然令中央十分氣憤。魯平在當時的記者招待會上，批評政改方案「三違反」，既違反《中英聯合聲明》，也違反《基本法》和兩國外長達成的協議，破壞「直通車」，狠批彭定康是「千古罪人」。

我估計，當時彭定康對有七封外交信函，事前並不知情，堅持錯誤是不想丟自己面子，於是更自把自為，立心要搞亂下去，若然放棄，又豈能「光榮撤退」？

他不但大打民意牌，一反港督高高在上的形象，走到大街小巷食蛋撻，飲涼茶，拉近和市民的距離，建立親民形象，打着民主旗號，站於道德高地，把一切「罪名」推給中央，指中央霸道，不讓香港人有民主，進一步扶植抗共份子，令社會撕裂，也因為這樣，埋下了政改爭拗的火種。

無法接受背信棄義

有人會問，既然最終立法會都以普選產生，為何中方不同意提早給予港人民主呢？我認為，最主要是中央不能接受早已經過雙方同意，為順利過渡安排的「直通車」方案，在毫無商量之下，完全變成了另一個間接增加普選議席的方案，由公司或者團體票，變相成一人一票，功能組別選民大幅增加。中方於是拿出七份外交書信，點明不能單方面作出更改，但彭定康竟然不作理會，擅自更改協議，是彭定康首先另起爐灶。

不過，中央沒有因此就範，或者直接放棄「直通車」，依然希望從不同途徑，爭取「直通車」可以啟動。民建聯亦致函彭定康，詳列政改方案不能與《基本法》銜接的地方，希望中英雙方可以進行磋商，解決問題，而且提出政改應與《基本法》相互銜接，但彭定康並不理會，結果他於中英雙方打算於 1993 年 4 月重啟談判之前，於 3 月 12 日突然將政改方案以條例草案形式刊登憲報，並提交立法會討論。

偷步突襲

即使彭定康「偷步」，中央相信仍可以透過與英方談判，令「直通車」重回正軌。可惜 1993 年 4 月至 12 月期間，中

英兩國政府舉行了 17 輪談判以解決分歧，最終都是談判破裂收場。

中英經過了 17 輪的政制談判，我記得當時有報道指出，本來已經就部分問題取得共識，但後來卻傳出，英方破壞了談判先易後難的原則，堅持要將 1995 年立法局選舉採用「單議席單票制」，與區議會及兩個市政局的選舉一併討論，因為被中方拒絕，而有意單方面中止談判。

1994 年 2 月 23 日立法局恢復二讀《1993 年選舉規定（雜項修訂）（第二號）條例草案》，即彭定康第一部分政改方案，決定立法局以「單議席單票制」進行投票、把投票年齡降至 18 歲、取消兩個市政局及區議會委任議席，再增加民選議席。

當時我在立法局辯論該草案致辭時明確指出，為何會導致中英雙方談判破裂，不是單單因為換了港督，而且港督聲稱得到英國內閣的支持，那為什麼英國會突然轉變了政策，「是否認為在過去 150 年的殖民地統治下，有負港人，更錯誤地簽署了《中英聯合聲明》，所以現在不惜背信棄義，試圖改變。」

「我在 1993 年 12 月中預委會大會上，曾經呼籲中方，要與港人一同維持香港的平穩過渡，克服會談破裂所造成的困難。我們深信，奮鬥的過程是苦的，但後果會是甜的，只要大家同心協力，香港的明天必然會更加美好。」

力挽狂瀾

　　我在 1993 年 12 月初嘗試提出擱置審議條例草案的建議，結果不獲支持。杜葉錫恩議員於 1994 年 2 月 23 日，要求暫時擱置這項條例草案、自由黨李鵬飛議員提出暫緩討論有關立法局選舉的部分，但全部被否決。立法局經過十個小時辯論，最終仍然三讀通過《1993 年選舉規定（雜項修訂）（第二號）條例草案》。

　　彭定康政改方案第二部分《1994 年立法局（選舉規定）（修訂）條例草案》於 1994 年 6 月 29 日展開，提出新九組及以職業劃分一人一票的變相直選，把功能組別法團票改為個人票，以及設立由全港區議會組成的選舉委員會，選出 10 名立法局議員。

　　我在立法局致辭時直言：「無『直通車』拜彭定康九二政改方案所賜，他犯了三大錯誤：第一，背信棄諾。這點我亦曾在本局內提出質詢。彭督在 1992 年 10 月 7 日提出了其三違反的政改方案，而這三違反的政改方案是違反了《中英聯合聲明》，違反了《基本法》和違反了兩國外長的七封函件。」

　　「第二，衝擊過渡。政改方案推出後，導致中英爭拗，極度破壞雙方的合作關係，互相信任到了低點，對香港社會亦造成分化。」

「第三，破壞談判。在談判進行 17 輪後，英方單方面推翻了談判桌，甚至將談判的椅子也拋掉了，但卻惺惺作態，說談判之門仍然開啟。」

九四協調方案

「直通車」看似無望，但無論是中方還是立法局內自由黨和部分獨立議員都嘗試力挽狂瀾，由自由黨李鵬飛提出了修訂彭定康的政改方案，稱為九四協調方案。方案融合了立法局所有不贊成 97 年徹底大變議員的意見，也參考了中英談判曾經交換的建議，包括選舉委員會將按照《基本法》由四個界別選舉產生及組成，而新增的功能團體組別，不再按彭定康九二政改方案由市民的職業劃分，而以公司或團體票組成。協調方案在多個民調顯示，都得到市民支持。

當年英方和中方官員都不斷發功，爭取議員支持自身的九二政改方案和九四協調方案，電話攻勢無日無之，辯論由 6 月 29 日開始直至 30 日凌晨，一共激辯 20 個小時，可惜以一票之差，28 票贊成九四方案修訂動議，連同三名官守議員共 29 票反對，2 票棄權，修訂遭否決。

「直通車」止步

彭定康政改方案第二部分，則在 32 票贊成、24 票反對、2 票棄權下，三讀獲得通過，至此也為「直通車」劃上句號。

儘管「直通車」出軌，但最終香港也能夠順利過渡和交接，而社會的矛盾分裂已經形成，反對派的組織接過這支大旗，站在道德高地，不斷凝聚力量。

回想回歸之初，中央對香港充滿信心，事實也證明中央沒有干預香港事務，解放軍駐港從沒出現問題，當香港遇上「沙士」等問題，中央更是全力支援，做到港人治港，移民海外的港人也回流，內地經濟高速起飛，香港與內地一度逐漸融合，但世事並非一帆風順，一場「黑暴」，又令香港陷入危機，再加上新冠肺炎疫症，要重建互信，同心再令香港闖高峰，相信又要花很長的時間。

肥彭都要 Say Sorry

末代港督彭定康（肥彭）向來以辯才見稱，不過，這位雄辯滔滔的政客，一樣有啞口無言的時候，更因為一個字，親自來函向我致歉。

肥彭來港履新不久，便提出一套九二政制改革方案，並打算透過首份《施政報告》，把方案昭告天下。在公佈之前，他主動約見我和時任民建聯主席曾鈺成。當時我跟肥彭說：「你既然要和中國政府合作，便應該多了解中國政府的辦事方式。」

但肥彭即時傲慢地回應：「我有很多人告訴我中國政府的辦事方式；中國政府也應該了解一下我的辦事方式。」不久，他在《施政報告》上，便推出翻天覆地的九二政制改革方案，完全罔顧《基本法》的要求。

自以為是

在肥彭發表《施政報告》後，他隨即訪京會見港澳辦主任魯平，希望以既成事實迫中央就範，結果不歡而散。他回港向立法局匯報時，我問他：「港督先生，對於你答覆自由黨李鵬飛議員和教協張文光議員有關中英雙方是否有一些協議的問題，我覺得不滿意；你亦沒有說清楚雙方在中英兩國問題上達成了什麼協議。但昨日國務院港澳辦主任魯平先生在記者招待會中，卻很清楚地說明是有檔案可

稽查、有白紙黑字寫明中英兩國磋商有關第一屆立法機關的組成必須與《基本法》銜接而達成協議的。你是否認為中方對閣下的建議所作出的強烈反應，是由於英國政府在外交方面背信棄諾所致？」

當時他無言以對，只說一個「No」（不是）字，第二天傳媒報道時，認為一個能言善辯的彭定康，這樣的回應到底是對譚耀宗無禮的反擊，還是無話可說。及後肥彭知道，便去信向我致歉，把責任推給傳媒，表示對傳媒將他的答案解釋為對我的奚落感到遺憾。說實話，我不單不覺遭到奚落，反而認為我的提問正好刺痛他的要害，所以他才啞口無言，現出醜態。

蒙在鼓裏

他自然不想讓其他人知道，外交部的七封信，他毫不知情，又不能公開批評外交部，在重大的協議上沒有知會這位末代港督，令他蒙在鼓裏。

收到肥彭的道歉信，我也不以為然，覺得他只是為「補鑊」，為自己修補形象而已。

第四章
另闢蹊徑之一：
預委會

1996 年 1 月 26 日，香港特別行政區籌備委員會在北京成立（圖片來源：新華網）

自從末代港督彭定康履新，提出偷樑換柱的政改方案，以「三違反」姿態，不理《中英聯合聲明》、《基本法》和中英兩國外長達成的協議，另起爐灶，中方只好另闢蹊徑，於1993年中設立香港特別行政區籌備委員會預備工作委員會（預委會）及臨時立法會，處理香港回歸的過渡問題。

　　在3月31日第八屆全國人民代表大會第一次會議通過，設立香港特別行政區籌備委員會的預備工作機構，內容如下：「第八屆全國人民代表大會第一次會議審議了廣東省代表團提出的建議成立香港特別行政區籌備委員會的預備工作委員會的議案，根據1990年4月4日第七屆全國人民代表大會第三次會議通過的《全國人民代表大會關於香港特別行政區第一屆政府和立法會產生辦法的決定》中，關於1996年內全國人民代表大會設立香港特別行政區籌備委員會的規定，考慮到1997年我國恢復對香港行使主權的時間日益臨近，為了保證1997年的平穩過渡，有大量的準備工作需要進行，決定：授權第八屆全國人民代表大會常務委員會設立香港特別行政區籌備委員會的準備工作機構，着手進行各項有關準備工作。」

不能提前成立籌委會

　　如果只是期望和等待可以成功修補「直通車」路軌，一旦出現任何意外，便難以彌補錯失的時間，為了及早籌劃政

權交接及平穩過渡的眾多事宜，要設立什麼機構，才能解決當前急務呢？如果提前成立香港特別行政區籌備委員會（籌委會），又是否合適？

在 1990 年 4 月公佈《基本法》的同時，第七屆全國人民代表大會第三次會議亦通過了關於香港特別行政區第一屆政府和立法會產生辦法的決定，確立於 1996 年內，全國人民代表大會設立籌委會，負責籌備成立香港特別行政區的有關事宜。不過，籌委會已寫明 1996 年才成立，又怎能提前在 1993 年運作，於是便為籌委會預先設立香港特別行政區籌備委員會預備工作委員會，令到預委會可以提前準備前期工作。

預委會成立，免不了又被扣帽子，成為「第二權力中心」。為免被英方有藉口攻擊，預委會並無實權，只是諮詢組織，負責過渡期的準備工作。委員經增補後，共有 69 名來自香港和內地的委員，其中香港有 37 人佔多數，有助適當地反映港人意見。

預委會儘管是諮詢組織，主任由外交部部長錢其琛擔任，副主任是安子介、霍英東、魯平、周南、姜恩柱、鄭義和李福善，而且大部分都曾擔任基本法起草委員會委員。由於班底具有分量，足可以與英方分庭抗禮，並可轉移視線，不會把焦點只集中在彭定康身上，令他繼續耀武揚威。既然英方不理會早前的協議，中央便設立另一個平台，作出應對，以回應外界的批評。

兩手準備

　　預委會是在中英重啟談判之初設立，當時已有揣測，預委會只為談判作兩手準備，談判成功，預委會便毋須展開工作；若失敗，則工作量會增加。作為預委會的一員，我知道預委會並非只為談判而成立，而是為英方和港英政府就政改有任何變卦時，提前做好準備，在籌委會成立前，完成預備方案。

　　預委會只有兩年時間工作，但須做大量研究及調查工作，須花費人力、物力。由於時間緊迫，預委會的工作目標將集中在港人所關心和迫切需解決的問題，而一些影響到平穩過渡的事情，也應優先處理，將來方便香港特區籌委會展開工作。

　　為了要在兩年後籌委會成立時，做好萬全之策，預委會轄下設有秘書處及五個專題小組，分別為「政務」、「經濟」、「法律」、「文化」和「社會及保安」專題小組，為過渡期的工作先行準備。在五個專題小組之中，由於我是立法局議員，所以加入了法律專題小組，並在香港尋找法律界人士，包括梁愛詩、譚惠珠，以及多位執業律師和一位剛退休的法官，諮詢法律過渡的安排，檢視哪些法例可以過渡，哪些與《基本法》有牴觸。

　　記得當時我買了香港法例的單行本，分發給大家，但其實香港實行普通法，原法例條文不多，只是案例眾多，經過

多番的研究，找到十多條可能與《基本法》有牴觸的法例。預委會共召開了六次全體會議，而轄下小組也舉行了多次會議和研討會。最後一次全體會議於 1995 年 12 月舉行。預委會完成了大量的基礎工作，有助於籌委會順利運作。

十大建議

我連同民建聯亦一直爭取，為過渡問題提出建議，並於 1994 年 4 月底公布「九七民生十件事」的意見書，又在 1995 年 6 月赴北京出席預委會時，代表民建聯向身兼預委

1995 年 6 月 23 日，在預委會全體會議期間，我（左一）和曾鈺成向副總理錢其琛遞交香港平穩過渡十大建議

力爭中英合作 解決過渡問題

民建聯

民建聯六月二十三日，在北京向錢其琛外長遞交信函，提出有利於解決香港過渡問題的十點建議：

十大建議

1. 提早簽發特區護照，獲各國給免簽證，香港居民可在九七年七月一日起使用證件。

2. 九七年前獲得香港永久性居民身份的人士，九七後仍可保留該身份；

3. 港澳辦魯平主任儘快邀請陳方安生會面，討論公務員過渡問題；

4. 加快本港法律適應化工作，使有關香港原有法律採用為特區法律；

5. 爭取香港政府協助及早籌備第一屆立法會選舉，使特區成立後之立法機關能夠儘快選出；

6. 中英加強合作，儘早簽訂新機場兩項財務支持協議；

7. 中英加緊磋商，立即著手興建九號貨櫃碼頭，專營權容後解決；

8. 中英達成共識制訂退休保障方案，使港人老有所養；

9. 中英加強溝通，制訂完善的本港污水處理計劃；

10. 中英恢復正常溝通，儘快安排港澳辦主任與香港總督會面。

首項成果——

中英達成新機場財務支持協議

1995 年 6 月民建聯就解決過渡問題提出十大建議

根据一九九五年十二月二十八日第八屆全國

人民代表大會常務委員會第十七次會議的決定，

任命　譚耀宗　為全國人民代表大會香港特別行政

區籌備委員會委員。

委員長　喬石

第 0148 號

一九九六年一月二十六日

1996 年獲委任為籌委會委員

以籌委會推選委員會小組港方召集人身份向大會報告小組工作

會主任的錢其琛遞交信函，提出解決過渡問題的十大建議，包括提早簽發特區護照、保障居留權可以延續、討論公務員過渡問題、加快本地法律適應化工作、及早籌備第一屆立法會選舉、盡快達成新機場全部協議、着手興建九號貨櫃碼頭、制訂退休保障方案等。

在預委會兩年工作後，我有幸獲委任為籌委會成員。香港特區籌委會共有 150 名委員，其中香港委員 94 名，內地委員 56 名，改變了過去基本法起草委員會時以內地委員為主的情況，足見中央對港人的信任。籌委會負責籌備成立香港特別行政區的有關事宜，包括訂定香港特別行政區第一屆政府和立法會的產生辦法。籌委會也負責籌組由 400 人組成的推選委員會，由推選委員會選出香港特別行政區第一任行政長官。

籌委會主任同樣是錢其琛，九名副主任中有五位是香港人，籌委會轄下設有秘書處及七個工作小組，分別處理：推選委員會、第一任行政長官、臨時立法會、法律、經濟、慶祝活動及第一屆立法會的事宜。

全民特首

我當時參加第一任行政長官產生小組，認為很有意思，能負責第一位行政長官產生的工作。行政長官不能有政黨背景，是因為擔心有其局限性，而當時社會的觀念對政黨接

受程度不高，於是便規定行政長官不能隸屬任何政黨。當時我和曾鈺成等具民建聯背景的委員，最終也改變不了這一看法。

由於籌委會有實質權力，自然被視為第二個權力核心，港英政府更加不配合，所以籌委會都在深圳開會。當時最具爭議性，是籌委會法律小組建議廢除十多條與《基本法》有牴觸的條例。為了澄清各方的誤解，我其間也有撰文，逐一反駁及回應不同的指控。

「有部分政黨惡意攻擊法律小組的建議，指為民主進程的倒退。其實，法律小組考慮這些條例存廢的時候，不單以條例本身是否與《基本法》有牴觸為準繩，還兼顧到市民已對這些條例適應了一段時候，因而在整體社會和個人之間，作出一個較為寬鬆的平衡。」

「反對籌委會法律小組建議人士的理由，主要不外有三點：一、《人權法》並沒有與《基本法》相牴觸，所以不應廢除；二、將公安條例『還原』，等於『剝奪』市民集會、示威的權利；三、將社團條例『還原』，等於『禁止』市民結社。表面上，這些理由都是冠冕堂皇的，不過，這些論點與事實頗有距離。」

《人權法》不能違反《基本法》

「籌委會法律小組並沒有建議廢除整條《人權法》，只是

建議刪除令《人權法》具備凌駕性的條款。中英自 1984 年簽署《聯合聲明》，以及中方其後通過《基本法》，都恪守香港沿用的法律基本不變的原則。但港府在 1991 年不理中方反對，自行通過《人權法》，並將《人權法》置於其他法律條例之上；凡與《人權法》有牴觸的，都一律作廢或要修改。」

「不單如此，立法機關將來審議的條例，均不得與《人權法》相牴觸。這種做法令原來只有《基本法》可以具備凌駕地位的兩重法律架構，變成在上面再加入《人權法》的三重架構。同時，各級法院的法官或裁判司審理涉及《人權法》的案件時，不僅要以《人權法》為依據，還可宣佈他認為與《人權法》不符的條例失效。《人權法》授權司法人員判定法例失效，這完全改變了司法和立法的關係，對香港原有的法律制度造成了很大的改變。」

「彭定康又猛烈抨擊籌委會法律小組的建議，是違反《基本法》第 39 條，即《公民權利和政治權利國際公約》、《經濟、社會與文化權利國際公約》和《國際勞工公約》適用於香港的規定，在 1997 年後將繼續有效。不過，彭定康似乎忘記了，英國在 1976 年批准這兩條國際公約，在英國和屬土（包括香港在內）生效後，多次表明香港當時的法例並沒有與這兩條公約相牴觸，亦沒有將相關的條例重新編寫成一條獨立的《人權法》，這種情況一直維持了 15 年。換言之，港府一直確認，當時的條例，並沒有違反這兩條公約，

對比之下，1991 年通過《人權法》，又大幅修訂賦予行政機關權力的條例，便顯得缺乏理據了。」

「至於法律小組建議廢除《九五年公安（修訂）條例》，並在特區政府作出處理前，暫時採用修改前的文本為特區法律，這更與人權無關。首先，公安條例修訂前和修訂後的文本，在限制集會和遊行的自由方面，雖然確有一段距離，但絕不能推論為修訂前的限制『扼殺』了人權，而修訂後便『馬上有』人權。」

平衡公眾與個人權利

「而且，反對者無視了一項事實，法律小組的建議並不是單純廢除《公安（修訂）條例》，將原來的條文恢復過來；而是在廢除修訂後條文的同時，暫時恢復原先的條文，讓特區政府有充分時間，一方面審視社會對遊行、集會的意見，制定合適特區情況的公安條例，但又不至於在特殊情況下，沒有必須的條例可資應用。」

「從立法者角度來看，制訂《公安條例》不可避免會限制個人的一些權利；但從另一個角度來看，在公眾利益和個人權利之間，也確實需要求取一個平衡。法例要求公眾在遊行、集會以前，先向有關部門提出申請，不能算是一種審查；只有在申請遭到行政機關無理拒絕，才算是限制人權。」

「至於申請細則訂定是寬是緊，往往要視乎某個社會特定的時間和環境而定；以香港地少人多為例，如果遊行、集會不是在有秩序的情況下進行，是很容易發生混亂的。1984 年的士罷駛觸發暴動，1993 年蘭桂坊慘劇以後，警方限制人潮亦沒有受到質疑。所以，作為立法者，實在有必要平衡各方面的利益，和制訂相應的法例，讓執法機構遇到發生事故時，不會束手無策，這也正是法律小組建議暫時恢復公安條例原先條文的用意。」

《基本法》確保言論結社自由

「《社團條例》的廢除，目的亦不是限制市民結社的自由。相反，《基本法》第 27 條已保障了：『香港居民享有言論、新聞、出版的自由，結社、集會、遊行、示威的自由，組織和參加工會、罷工的權利和自由。』而《社團條例》除了規定團體需要向行政部門註冊登記以外，其中一個重要的作用，是限制本地社團和外國政治性組織聯繫，這是每個國家都劃為保護國家安全的範圍。以美國為例，民主黨接受了外國財團的資助，在國內也引起了軒然大波，美國人擔心國家利益因而受損。本地政黨與外國財團的聯繫已經如此敏感，更何況政治團體與政治團體的聯繫。」

「反過來説，對於絕大部分從事正常活動的社團，註冊登記應該不會造成任何困難；非政治性團體與外國非政治

性團體聯繫，也不會因而觸犯法例。《基本法》第 149 條已有規定，教育、科學、技術、文化、藝術、體育、專業、醫療衛生、勞工、社會福利、社會工作等方面的民間團體和宗教組織，它們的活動不單沒有受到限制，反而得到鼓勵和幫助。」

「在公眾利益和個人權利之間求取平衡，從來不是一件容易的工作；不同層面的市民往往有不同判斷，但彭定康對籌委會法律小組建議所作的評論，不顧事實，橫加抹黑、誤導，令人氣憤。」

港英政府雖然有派憲制事務司吳榮奎作為籌委會的「對口」，為籌委提供資料，但有些資料，他不作任何反應，籌委會也只好自行由籌委會秘書處處理。由於預委會已處理大量工作，籌委會會議並不多，1996 年 1 月 26 日在北京舉行第一次全體會議，1997 年 7 月 11 日結束工作，期間共召開了十次全體會議，按成立小組議題提交七份匯編。

預委籌委功不可沒

籌委會完成了多項工作，包括選出由 400 名香港永久性居民組成的香港特別行政區第一屆政府推選委員會（推委會）和 60 位臨時立法會議員；訂立第一任行政長官的選舉安排，並通過推委會選出第一任行政長官董建華；就香港政權交接和平穩過渡有關的重大經濟問題研究；確立香港

居民國籍問題等，當時因為港人很多買保險，擁有外地居留權，為了彈性處理有關問題，港人只要不申報擁有其他國籍，便被視為中國公民，不少市民都十分歡迎這一寬鬆政策。

　　預委會和籌委會的工作，在彭定康及英方不合作下，奠定了香港過渡至特區的基礎，令一切能順利交接，實在功不可沒。

第五章
另闢蹊徑之二：
臨立會

臨立會全體議員大合照（後排右三）（圖片來源：文匯報）

臨時立法會本來毋須設立，但在「直通車」遭到破壞之後，總不能令法律出現真空期。我和民建聯一直沒有放棄爭取「直通車」順利過渡，亦嘗試聯同其他黨派及獨立議員，透過修改港督彭定康的政改方案，令「直通車」重開，但最終以一票之差而被否決，臨時立法會變成不可或缺，用以通過特區成立時「必不可少」的法律。

　　1996 年 3 月 24 日，香港特別行政區籌備委員會決議成立臨時立法會，負責進行以下工作：

　　1. 根據《基本法》，制定為確保香港特別行政區正常運作所需的法例，並在有需要時，修訂和廢除一些法例；

　　2. 根據政府的提案，審核、通過財政預算；

　　3. 批准稅收和公共開支；

　　4. 聽取行政長官的《施政報告》，並進行辯論；

　　5. 同意香港特別行政區終審法院法官和高等法院首席法官的任命；

　　6. 臨時立法會主席參與提名全國人民代表大會常務委員會香港特別行政區基本法委員會的六名香港委員；

　　7. 在香港特別行政區第一屆立法會產生之前，處理其他須由臨時立法會處理的事項。

臨立會的合法性

　　不過，臨立會的合法性從一開始便遭到質疑，我當時便

撰文指出，在政制沒有銜接的情況下，特區籌委會議決成立臨時立法會，並沒有違反《基本法》。全國人大在 1990 年通過關於香港特別行政區第一屆政府和立法會產生辦法的決定，其中關於立法會的內容列明：「原香港最後一屆立法局的組成如符合本決定和香港特別行政區基本法的有關規定，其議員擁護中華人民共和國香港特別行政區基本法、願意效忠中華人民共和國香港特別行政區並符合香港特別行政區基本法規定條件者，經香港特別行政區籌備委員會確認，即可成為香港特別行政區第一屆立法會議員。」

全國人大這項決定完全秉承中央對香港的一貫政策和與英方達成的協議。首先，決定訂出了在英國管治下選出的港英最後一屆立法局，可以在有條件下過渡成為特區第一屆立法會，符合了對英方的承諾。

其次，決定訂出了議員可以過渡的三項主要條件：一、1995 年立法局的組成必須符合人大決定和《基本法》的規定；二、選出的議員必須擁護《基本法》；三、選出的議員必須願意效忠特區和符合《基本法》的規定。最後，即使選出的議員完全符合上述兩項規定，仍需經籌委會確認，這是體現立法局的過渡仍然是中國主權以內的決定。

1995 年選出的立法局未能過渡，是由於彭定康單方面決定政制方案，違反了立法局可以過渡的條件。既然沒有「直通車」，就必需有一個立法機關，解決特區政府成立時可能面對的立法真空、通過《財政預算案》、確認司法人員任

命等等的需要。

全國人大在 1990 年的決定同時規定：「在 1996 年內，全國人民代表大會設立香港特別行政區籌備委員會，負責籌備成立香港特別行政區的有關事宜，根據本法決定規定第一屆政府和立法會的具體產生辦法。」這使籌委會具備籌組第一屆特區政府有關事宜的法理依據，而預委會通過工作建議前，亦曾審慎地徵詢全國人大的法律意見，始作出設立臨時立法會的建議。客觀地分析前因後果，籌委會按照全國人大決定和《基本法》的規定和授權，籌組第一屆特區政府，是完全有理有據。

33 名立法局議員成功過渡

1996 年 12 月 21 日，推選委員會選出 60 名臨時立法會議員，雖然當時歡迎所有的立法局議員參與是次選舉，但除了民協之外，反對派議員杯葛，結果最後一屆立法局議員，有 34 人參選，33 人成功當選為臨時立法會議員，而我亦在推委會 400 委員中，取得 345 票，成為票王，重返議會。能有此佳績，除了過往十年在立法局的表現，得到勞工界支持外，也得到商界和專業人士的肯定。

臨立會成立雖然有理、有據、有需要，但港英政府並不認同，不時受到彭定康和反對派的攻擊。為免進一步加劇衝突、激化矛盾，臨立會決定在深圳舉行會議，直至

臨立會標誌

1997 年 7 月 1 日特區政府正式成立，才返回香港立法局原址開會。

1997 年 1 月 25 日，臨立會在深圳舉行首次會議，港英政府沒有委派任何官員出席解話，也沒有撥出任何資源給臨立會使用，所有開支均由中央政府負責，而立法局則借調部分職員處理秘書處的職務。

臨立會每逢週六開會，議員可以選擇週五晚到深圳，或者由臨立會安排坐早班車到深圳開會，若是身兼立法局及臨立會議員，更要香港、深圳兩邊走。我當時是籌委，便在內地開會後，直接出席臨立會會議。

港英政府絕不協助

當年不少反對派議員都質疑臨立會的設立，而憲制事

務司吳榮奎多次在立法局「解話」時候都強調，香港在 1997 年 7 月 1 日前不會有另外一個權力中心，亦不會存在雙重權力或兩個立法機關同時運作的情況。任何組織聲稱在 1997 年 7 月 1 日前以立法機關的名義，在香港舉行會議及運作，均可能違反法例。港英政府不會向臨立會提供任何協助。

臨立會雖然受到很多攻擊，得不到港英政府合作，但卻成功為特區過渡做好準備，令整體過渡能夠順利進行，亦顯示給彭定康和英方看，即使沒有「直通車」，臨立會依然能做妥交接，令他們感到尷尬。

600 多條法律獲過渡

籌委會提出了《關於處理香港原有法律問題的建議》，提請全國人大常委會審議。1997 年 2 月 23 日，人大常務委員會按照《基本法》第 160 條的規定，通過沿用香港所有原有法律，但不包括 24 條牴觸《基本法》的條例，這些條例不是完全牴觸《基本法》，就是有部分條文牴觸。不過，其他香港原有的 600 多條條例及普通法原則，差不多全部繼續適用於香港特區。

有批評說臨立會廢除了很多立法局通過的法例，其中包括我和工聯會一直爭取的集體談判權。我清楚地指出，當時所通過的條例草案是匆匆忙忙，未夠深思熟慮，執行時

會帶來不良影響,例如一個企業可以與多間工會集體談判,可能導致工會之間出現分裂,也不利工人之間的團結,但如果企業沒有工會組織,職工又如何獲得保障,在在都會影響工會的發展及團結,應重新考慮。

儘管得不到任何港英政府的協助,由任期開始至 1997 年 6 月 30 日,臨時立法會審議並通過了 13 條必須在 1997 年 7 月 1 日立即生效的法例,包括通過 1997 至 98 年度《財政預算案》;通過使法官任命生效所需的議案,其中包括終審法院首席法官、終審法院常任法官、終審法院非常任法官和高等法院首席法官;以及通過了本身的議事程序。臨時立法會所通過的條例草案和議案,全部根據《香港回歸條例》得到確認和生效,而《香港回歸條例》則於 1997 年 7 月 1 日香港特別行政區成立後隨即通過。

在 1997 年 1 月至 1998 年 4 月期間,臨時立法會處理了 63 項法案,全部獲得通過,其中部分法案經政府或議員提出修正後獲得通過,其餘的則以原法案獲得通過。

臨立會在無奈之下誕生,卻很實在地順利解決過渡期法律真空的問題,為香港回歸祖國做好必要準備,確保無違反《基本法》的法例過渡至特區政府,令特區政府可以在回歸之後,獲取撥款即時運作,也確立了法官的任命安排。如果沒有「直通車」,又沒有臨立會,香港特區又如何能順利回歸?

臨立會的《紅樓夢》

四大經典名著《紅樓夢》大家可能都知曉，不過，有多少年青一代看過該書呢？可能只是少數。這部名著，無論任何時代，都值得閱讀，尤其是其中的《好了歌》。我當年便借此作二次創作，表達我在臨時立法會一年多以來工作的感受。

為免大家不清楚原有的詞，我先引用原來的《好了歌》，之後再來我的新詞。

世人都曉神仙好，惟有功名忘不了。

古今將相在何方？荒冢一堆草沒了。

世人都曉神仙好，只有金銀忘不了。

終朝只恨聚無多，及到多時眼閉了。

世人都曉神仙好，只有嬌妻忘不了。

君生日日說恩情，君死又隨人去了。

世人都曉神仙好，只有兒孫忘不了。

癡心父母古來多，孝順子孫誰見了？

對我來說，所改的「新詞」，至今依然如打翻了五味瓶，雜味紛陳。

世人都曉反對好，唯有責任忘不了。

反對一聲談何易，法律真空立亂了。

世人都曉口號好，只有實務忘不了。

終日不怕事務多，最怕閒時民怨了。

世人都曉掌聲好，只有大局忘不了。

毋須日日人稱讚，事成便會分明了。

世人都曉議員好，卻把官員嚇怕了。

提問質詢漸漸多，五點放工無望了。

　　我當時是回應那些純粹惡意謾罵，藉攻擊臨立會來爭取自己政治本錢的反對派，混淆視聽，製造矛盾，影響過渡。

第六章
越南船民問題

1997 年民建聯組織遊行，要求取消第一收容港政策

在回歸前一直困擾香港市民超過 30 年的越南船民問題，經過在引入甄別政策，取消香港成為「第一收容港」之後，直至 2000 年結束最後一個難民營，越南船民問題才告一段落，但聯合國難民事務高級專員署（聯合國難民署）至今仍拖欠香港逾 11 億元越南難民在港的開支。

回想起來，令我印象深刻的，是 1992 年元朗石崗船民中心及 1994 年和 1996 年沙田白石船民羈留中心爆發的毆鬥和縱火事件，長矛、利刀、火光紅紅，導致死傷者眾，實在令人難過，而這一切都源於香港變成難民「第一收容港」。

第一收容港

自從上世紀七十年代越南內戰爆發開始，越南難民問題一直衝擊南中國海沿岸的國家和地區，香港當年是受影響最大的地區之一，特別是 1979 年中，英國政府在日內瓦簽署一項關於處理越南難民問題的國際公約，把香港列為「第一收容港」，出走的越南難民會由香港這個「第一收容港」先行接收，再由西方國家甄別難民資格，合資格者便有機會到願意接收難民的西方國家定居，剩下的則由第一收容港政府遣返原居地，上岸後難民的開支則由聯合國難民署承擔。

最初來港的越南難民被安置於駐港英軍軍營，但隨着難民湧入愈來愈多，港府亦要設立獨立的難民營，初時仍

採用半開放式處理，管理寬鬆，只要難民獲簽發難民證後，便可在日間進出難民營，懂廣東話的更可在港工作，賺取收入，等候第三國家收容。當「第一收容港」政策開始後，大量難民蜂擁而至，治安問題伴之而來，罪案及暴力事件頻繁，對香港社會構成威脅和負擔。

港英政府在 1982 年開始把難民營改為禁閉式管理，所有新抵港的難民都被扣留在禁閉營內，希望藉此減低難民來港的意欲。儘管難民數字一度減少，但未幾又重回升軌，政府也於 1988 年開始實施「甄別政策」，受到政治迫害者會被劃分為「難民」，其他非難民便被視為船民，是非法入境者，不能獲第三國家收容，也不能取得香港居留權，需要遣返越南。不過，西方國家卻施以壓力，阻撓香港把船民遣返越南。

西方國家的假仁假義

根據當年保安司提供的數字，自 1983 年至 1987 年，越南難民犯罪率是香港犯罪率的 10 倍，治安問題實在急不容緩。在 1989 年底，我在立法局上發言，希望西方國家不再干涉香港遣返非難民。

「一些西方國家既不願意收容越南船民，但又以人權為理由，阻撓第一收容港遣返非難民。這種假公濟私的做法，實在完全違反了人道精神。這種做法會誘使大量船民，在

風浪、在劫殺等生命威脅的情況下，千里迢迢奔向各個第一收容港。在這過程中，不知有多少越南人葬身魚腹或死於刀槍之下，在南中國海上演出一幕又一幕的人間悲劇。當生還的船民抵港後，卻發覺西方國家根本不願收容他們。他們只能在第一收容港長期滯留，住進各式禁閉營。我們實在很難贊成這種做法就是符合了人道精神。」

「一些西方國家也經常抨擊在本港的越南船民生活條件很差。這種講法是他們沒有考慮到，應以當地人的生活環境作為準則，而不是硬套西方的生活標準；但是，更重要的問題是，它們在抨擊之餘，並沒有提供多少實質支持給越南難民。聯合國難民署得不到西方各國提供的足夠經費，因而缺乏改善船民生活的資金，妨礙了船民生活水平的提高。在這情況下，某些國家在高喊人權的同時，卻又忽視了自己在人權問題上應盡的責任，這實在令人憤慨。」

我當時指出，只有當然遣返或西方國家接收所有餘下的船民，才能有效地解決各種問題，不然港府應該取消香港作為第一收容港的地位。

心痛

香港本身地少人多，越南船民不斷湧入，安置成為最大問題。港府曾於屯門租用空置工廠大廈，我亦曾以立法局議員身份前往考察，看到也感心傷。眼見一家大小都擠進

組織遊行，要求英國政府接收船民及代追聯合國難民署欠款

狹小地方，香港夏天又熱又焗，工廠大廈地方細小，廚廁什麼也是集體使用，實在不適宜人長期居住，難免易於出現爭拗和打鬥。政府曾尋找其他營地，我亦曾前往考察，雖然生活上有點改善，但始終不宜久居。

　　情況不斷惡化，在 1991 年 6 月的立法局會議上，我再為越南難民和船民問題發聲：「無論是越南難民或越南船民，他們的遭遇都是不幸的，是值得國際間給予同情及援助的……事到今天，第一收容港已差不多變成唯一收容港，在西方國家拒絕收容更多越南難民的情況下，香港社會所承受的負擔已是愈來愈重，而香港市民也愈來愈覺得，要由只有 500 多萬人口的香港社會獨力承擔如此重大的國際包袱，而各個西方大國卻袖手旁觀，此種情況對香港市民實在極不公平，因此，社會上要求撤消第一收容港的呼聲已是愈來愈高。」

　　「取消第一收容港，正是揭開事實真相的最好方法，清楚地向越南人顯示，現在已再沒有所謂第一收容港了，因為西方國家已再不會收容他們，他們再在失卻自由的船民營等候下去，也是徒然的，最後唯一的出路，只有回國……我認為現在已到緊急關頭，需要向英國政府提出取消第一收容港的政策。」

營內廝殺

　　就在 1992 年年三十晚，石崗船民中心的南北越居民，因為買賣私酒及爭用熱水等問題發生衝突，雙方以長矛、利刀、鐵樋及汽油彈等在營內廝殺，並演變成大騷亂，又阻止中心內的人逃生，部分營房更燒「通頂」，事件造成 24 人死亡，100 多人受傷。

　　其後港英政府終於實行有秩序遣返行動，只是 1994 年白石中心越南船民因為不滿強制遣返行動，不但發起絕食，

1994 年 12 月 7 日在立法局外請願，要求從速遣返越南船民（左一）

後來更演變成暴動，而且在 1996 年情況最為嚴重，近千名準備遣返的越南船民，突然手持自製武器衝擊營房並到處放火，造成大半個中心用地被焚燬及多人重傷。隨着港府推行有秩序遣返行動，該中心的入住者數量下降，最終到 1997 年 6 月關閉。

我在 1994 年在報章上撰文，要求英國政府及聯合國兌現承諾，於 1996 年前解決滯港船民問題：「當務之急，是如何盡快遣返滯港船民，應該説這行動會變得愈來愈困難，因為願意遣返的，早前都已走了，留下的是那些不願回去的船民。在這種情況下英國和港府必須有堅定的立場，不能做任何令船民認為可繼續留下的錯覺的事，並且應加強宣傳，報道一些已遣返船民在當地安居樂業的新聞。」

取消第一收容港

回歸前夕，香港依然有三千多名越南難民、船民及非法入境者滯留香港，而且部分因為留有案底，難以得到第三國收容。臨時立法會於回歸祖國後，在 1997 年 8 月，我連同一眾臨時立法會議員，即時通過一項動議：「本會促請香港特別行政區政府盡快遣返所有滯港越南船民及非法入境者，並取消第一收容港政策，以及從速向聯合國難民署追討香港為其墊支的 11 億元費用。」

香港特區政府於 1998 年 1 月 8 日公佈取消「第一收容

2012 年考察屯門前難民營，要求改為休閒文娛用途（左六）

港」政策，但 1999 年 6 月屯門望后石越南難民中心再發生
騷亂，事件中有多人受傷。大家希望能盡快將滯留越南人
士移居海外，惟收容國愈來愈少，特區政府終於在 2000 年
2 月推出讓越南難民及船民融入社區的「擴大本地收容計
劃」，容許 1,400 名越南人申請在港定居。

11 億元被「走數」

2000 年 5 月，望后石越南難民中心最後一個越南難民
營關閉，標誌着困擾香港多時的越南難民問題終於結束。
香港特區政府雖然一直有向聯合國難民署追討逾 11 億元的

越南難民開支，但拖欠至今，應該都追討無望了。

　　回想從前，實在不願見到一船船的越南難民，冒着驚濤駭浪偷渡來港，不但風高浪急，危害他們及其家人的人身安全，來港後也不一定獲得第三國收容，加上南北越文化不同，被困在細小的禁閉營，容易產生矛盾，眼見種種的暴力、打鬥與放火，都絕非港人願意見到。幸好糾纏多時的越南難民問題在回歸之後，終於劃上了句號。

第七章
玫瑰園計劃

當年興建中的赤鱲角機場

玫瑰園計劃，顧名思義就是充滿亮麗前景的計劃，10項核心工程計劃，超過 1,000 億元的開支，建成如今的大嶼山赤鱲角香港國際機場。不過，在九十年代經濟衰退的情況下，無論是工程的透明度或者其龐大的基建開支，在當時都備受質疑。

港英政府單方面決定選址大嶼山赤鱲角興建機場，由於選址遍遠，需要不同的交通基建配套，造價不菲，而融資借貸遠超 1997 年香港回歸的期限，一定要中方認同，但在六四事件之後，中英雙方互不信任，中方擔心，以千多億元興建機場，耗盡香港的儲備，令回歸時特區政府負債纍纍，因此一直未有同意興建新機場。

機場核心工程耗資龐大

我想指出，香港當年正經歷經濟衰退，根據財政司 1990 年公佈的《財政預算案》，香港財政儲備有 710 億元，通脹率達 8.5%，而最初的機場核心工程計劃原開支超過 2,000 億元。我在 1990 年立法局上致辭時表明：「政府假如只看到玫瑰園表面的光彩，而沒有更深層的經濟、社會政策的配合，則玫瑰園可能只是一個幻影。」

「假如政府以往的施政不是缺乏整體的、長遠的眼光，不作長期性的規劃，也不至於使今天的基礎建設如此狼狼上馬。我希望政府能吸取過往的經驗教訓，在進行基建時，

要顧及以下的因素:

1. 要認真考慮社會對基建的承擔能力,不可隨便犧牲其他社會利益以換取基建,如是者只會大大影響市民生活,引致社會出現不穩定狀況。

2. 在進行各項基建項目時,首要考慮的,應是成本效益的問題。切不可為了政治理由而不計成本地設定完成日期。

3. 在決定某一項工程應該由公帑或私人資本興建時,必須首先以消費者和社會整體利益為依歸,而不能單單以減少公營部門的支出為標準。

4. 在發展基建時,應充分考慮香港以外地區,特別是華南地區,在經濟、基本建設方面的情況,以致其對香港基本設施的競爭力,以免出現浪費資源的情況。」

中央對新機場工程財務上的憂慮並不是無的放矢。1991 年初,立法局通過一筆近 7 億元的機場顧問研究費用,由外國顧問公司投得。我當時在立法局財務委員會上便提出,要求港府加強發揮本地大專院校師生和學者專業積極性,釐訂一定數量本地顧問比例,減輕顧問費用開支。

官員數據成關鍵

在中英雙方談判興建新機場事宜一直處於膠着狀態下,當年的庫務司楊啟彥主動跟我聯絡,表示可以把新機場的財務數據拿給我看,並逐一就一些大數目開支以及財

政狀況向我解釋，認為中方毋須太擔心，我亦把這些數據交給新華社（現為中聯辦），由他們向中央反映。其後，中英雙方便達成《關於香港新機場建設及有關問題的諒解備忘錄》，並於 9 月 3 日正式簽署。

在備忘錄中，雙方同意成立一個由中英聯合聯絡小組領導的機場委員會處理新機場事宜，而香港政府則成立香港機場管理局和諮詢委員會，又規定如果在 1997 年 6 月 30 日以後就新機場償還的債務總額不超過 50 億元，港英政府自行舉債，並通報中國政府。若超出 50 億元總額的舉債，須由雙方對該舉債建議取得一致意見後方行，而且定明預留給特區政府的財政儲備不少於 250 億元。

超支隱憂

不過，在簽署備忘錄之後，雙方就新機場財務安排詳情一直未有達成協議。為了確保新機場工程開支不會影響民生，我在 1992 年 5 月立法局會議上，要求政府嚴格控制機場工程成本，並指出：「政府最近公佈新機場核心工程計劃中的 10 項工程成本為 1,122 億元，這個估計已經比政府在去年公佈的 986 億元高出 14%。如果以目前臨時機場管理局所透露的機場最終現金成本會較 1991 年 3 月份的價格上升 45% 計算，整個機場核心工程的最終成本可能超過 1,600 億元。那麼即使撇除通脹因素，全港 560 多萬市民平均每

民建聯於 1992 年在全港各區介紹新機場工程的財政爭議，引起公眾關注

人要為機場核心工程付出接近 30,000 元，這實在是個非常驚人的數目！」

「機場核心工程之所以使人擔心，不單只是『超支』問題，還在於工程的財務安排有不少陷阱，使這個計劃可能變成一個無底洞。例如政府答應在機場管理局不能償還所有債務時為其注資直至機場竣工為止，就已經隱伏『無底洞』的危機。」

針對新機場財務，我和民建聯於 1994 年發表「降低成本、增加注資、減少借貸」的方案，並透過不同渠道向中英雙方推介，希望能打破中英雙方談判僵局，結果被港英政府官員批評是「狗屁不通」，但在同年 11 月 4 日簽署有關新

機場及機場鐵路整體財務安排的協議，跟民建聯方案相若，顯然中央完全認同我們的建議。其後雙方又在 1995 年 6 月就新機場的財務安排上，最終同意削減新機場計劃開支至 1,582 億港元，1997 年後特區政府府負債不會超過 230 億港元，不少基建項目更需要縮減規模。

市民要有知情權

香港社會作出龐大的承擔，我認為市民必定要有知情權和決定權，不能以長官意志代替市民的抉擇，否則必會影響市民對玫瑰園的認受性。港英政府一方面呼籲市民要積極參與未來香港建設，但又不開放渠道，市民又如何參與？

我窮追不捨，多次在立法局上發言質詢：「有人認為，新機場港口計劃是世界上最昂貴的工程之一，但又是世界上透明度最低的一項計劃。我相信這一評論，很值得政府三思。」據我所知，當時政府有 70 多份報告書及相關文件，但向立法局披露的則只有 12 份，後來增加到 20 多份，實在叫市民難以安心。

當時對機場選址、完工期和經濟效益等方面，社會上有不同看法，我在立法局都有追問。就技術層次而言，有學者指出在赤鱲角所錄得的強風比國際認可標準超出五倍，從而對飛機的升降構成很大危險；趕在 1997 年回歸前完

我（左二）到新機場工地考察

成，只會增加成本，增添政府財政壓力；香港正面臨高通
脹、低增長的經濟困境，龐大的機場、港口計劃將會推高
香港的通貨膨脹；基層勞工更擔心，基建開支負擔會轉嫁
到他們身上，令他們成為玫瑰園犧牲品。

　　我屢次促請港英政府要就新機場核心計劃進行廣泛諮
詢，制訂綠皮書，扼要列出興建新機場各種可行方案、建設
的速度、對政府財政負擔和社會資源分配影響等。

一篇演辭震怒布政司霍德

在立法局多年，發表的演辭多不勝數，但令一位港英最高層官員震怒，還是首次。為何當時討論新機場核心工程，布政司霍德會如此憤怒？以下便是我在 1991 年 4 月的演辭節錄，亦正是問題的答案。

「計劃進行中的港口及機場發展策略，用的是香港 600 萬市民的財富，它的成敗得失，最直接影響的也是那些扎根於香港的香港市民。很可惜，這樣影響重大的一個計劃，卻是由少數不受香港市民制約、不須要負任何責任的殖民地官僚所決定。對於這一現實，即使作為一個立法局議員，我也感到無可奈何。」

資訊壟斷

「正如我在 1991 年財政預算案辯論中指出，政府在港口及機場發展策略的決策過程中，壟斷資訊，對於社會上要求公佈詳細的財政資料，以及這計劃可能帶來的在民生上、財政上、經濟上、環境上的影響的報告等等要求，都置若罔聞，令人懷疑殖民地政府的這一計劃是否符合香港人的利益。」

「從這一點上看，我認為直至目前為止，由於中國政府被要求作出承諾，因而介入了新機場的興建問題。這種情況對於制約少數殖民地官僚獨斷獨行的決策，是具有正面作用的。例如在機場規模進度方面，中國政府某程度上

是抑制了殖民地官員好大喜功的傾向；此外，中國介入也喚起香港各界市民對機場及港口計劃的重視，從而對殖民地政府構成某種壓力，開放部分（雖然仍是非常不足的）資訊。」

「耳邊風」

「雖然我指出中方在機場問題上的參與，對殖民地官員的不負責任決策行為具有制約作用，但是，畢竟中英雙方都不能完全代表香港人的意見。因此在中英雙方談判新機場期間，公佈談判內容，讓香港人有發表意見的機會，是非常重要的⋯⋯可是政府一直只當作『耳邊風』，可見政府的決策一向是不把香港市民、甚至本局議員的意見，考慮在內。」

霍德當時十分氣憤，特別針對我的發言作出回應：「有幾位議員說那些所謂『殖民地官員』所作的決定絕不能反映香港人的意見。我們這些為香港勞心勞力，為港人鞠躬盡瘁的人，對於那些說我們沒有顧及香港人利益的含沙射影批評，感到強烈不滿。其次，暗示本局以及行政局議員對於香港政府的決定並無影響力，未免小看自己。有沒有人真的相信政府官員會忽視行政局議員的意見，罔顧本局議員的大多數意願？這幾位議員的批評只會破壞政府與香港人的關係。我想請他們想清楚，這類批評是否符合香港安定繁榮的長遠利益，而這是我們希望在未來艱苦日子極力維持的。」

第八章
退休保障　安享晚年

1993 年 12 月 12 日爭取退休保障制度遊行

回歸前「打工仔」的退休保障乏善足陳，我初入立法局，作為勞工界代表，對爭取勞工保障一直很上心，即使沒有任何法律效力的辯論，我從來都不放過，但最終只能爭取到成立強制性公積金，雖然未盡如人意，依然希望為「打工仔」留有積蓄養老，再配合政府扶助長者的政策，從而達至「老有所為、老有所依、老有所養」。

80 年代，勞工界要求在退休後要有保障的聲音愈來愈大，「打工仔」長期受僱，退休時卻什麼補償都沒有，實在說不過去。經過勞工界不斷向港英政府爭取，終於可以有一點補償，這就是後來的長期服務金。

為長服金行出一步

記得 1985 年勞資雙方代表在勞工顧問委員會討論制定長期服務金法案時，雙方僵持不下，多得當年資方代表陳瑞球努力下，打破常規，私下邀請司徒華等勞方代表，在互諒互讓的環境下進行協商，不到兩個月，勞資雙方代表同意長期服務金的細節安排，成功推動《1985 年僱傭（修訂）條例草案》，僱員在同一機構服務滿十年後，如非因辭職、裁員或即時解僱等理由，而遭解僱，僱員將可獲得一筆長期服務金。

不過，法例卻有年齡限制，不論服務年期多少，愈年青，得到的長期服務金愈少，但為免此法例生效前，部分僱

在退休保障答問大會上發言

我向人事管理級人員介紹長期服務金

主提前解僱年長員工，所以我在立法局審議時，特別要求在一年後要作出檢討，並得到當時教育統籌司同意，最後草案獲得三讀通過。

港督否決中央公積金

我在立法局內鍥而不捨地一再提出如何更好地保障勞工，在 1987 年 5 月 13 日便成功通過中央公積金的休會辯論，但同年 10 月港督衞奕信便決定不設立中央公積金或強制私人機構設立公積金，認為無助欠缺固定收入或入息微薄的人，而且對香港經濟有不良影響，當時政府只願意擴大長期服務金的保障範圍、監管私人公積金、改善社會保障措施，以代替設立中央公積金。

我完全不同意政府的做法，在 1988 年初再在報章撰文反對，強調「勞工界是不會因為政府在《施政報告》中，決絕地否決中央公積金而就此罷休，更不會就此放棄爭取工人退休要有保障的權利，我們定會繼續爭取實現中央公積金制度」。

其後，我又於 1991 年 7 月 10 日再次提出休會辯論：「本局促請政府立即採取措施，重新研究設立中央公積金或其他強制實行的退休計劃，使本港工人獲得全面的退休保障。」但議案卻被政府官員和大多數議員否決。

退休保障落後於人

當時我發言時力陳：「我們常以香港作為一個國際大都會為榮。我們的金融業、貨櫃碼頭名列世界前茅，我們多項工業製成品行銷世界各國；我們的平均國民收入在亞洲區僅次於日本。可是，與此同時，我們的退休保障制度卻連大部分經濟發展遠遠落後於我們的國家和地方都不如。請看看我們的老人家在缺乏退休保障的情況下，赤貧化程度是如何嚴重。據社會福利署『一九八七年高齡津貼受助人調查報告』，只有 0.5% 的 70 歲以上老人享有退休金；依靠政府福利救濟的只有 9.1%，那些能靠自己儲蓄過活的只佔4.5%，而其餘則要靠家人養活。在這些靠家人養活的老人中，有六成未能從家人當中獲取任何零用錢；能每月拿到200 至 300 元的不足兩成。」

「在缺乏退休保障的情況下，我們的很多老工人便是這樣工作到『至死方休』。我想請問在座各位，香港老人家面對的這種境況，是否值得我們驕傲呢？……主席先生，政府已多次迴避了它對年老工人的退休保障所應承擔的責任，我希望政府這次能回頭是岸。所謂『亡羊補牢，未為晚也』。」

我當時促請政府能從速成立一個包括政府、僱主、僱員、社會服務界的代表在內的專責委員會，就老人退休問題研究出切實可行的退休保障制度，同年 10 月行政局原

1991 年 7 月在立法局會議上為工人退休保障發聲

則上同意推行強制保障制度，並於 11 月迅速成立跨部門的
「退休保障工作小組」，負責檢討各項可為工人改善退休保
障的方案。

政府「轉軚」

在不足四個月後，政府對此問題的態度作了 180 度的
轉變，原則上決定設立一個強制性的退休保障制度。對於
政府的「轉軚」，勞工界都表示歡迎，但對它拖拉的做法則
感到遺憾。

我於是在 1991 年 12 月 11 日動議：「本局歡迎政府決
定立法推行強制性退休保障制度，並促請政府在廣泛諮詢
及充分考慮市民意見下盡速制定一個有效解決退休及年老
人士生活問題的計劃。」並希望政府能釐訂一些共同接受的
原則，包括要解決當前長者的生活問題，因為即使供款，也
為時已晚。我的動議順利獲得通過。

「忽然」老年退休金計劃

港英政府最後一任港督彭定康上任後，在 1993 年 12
月政府在立法局突然公佈「老年退休金計劃」，並解釋這是
在一段合理的短時間內，可為老人提供收入的唯一方法。
計劃可保障大部分人口，包括退休人士、家庭主婦等工作

1994 年 10 月 29 日，向政府遞信（右二），要求盡快推行老年退休金及強制公積金

1994 年，我（左六）和民建聯、民協及民主會聯合爭取設立三方供款全民退休保障計劃

人口以外的人士；一旦實施，便能即時提供退休金，可為老人提供起碼的退休保障，退休金額可與通脹或平均工資掛鈎；僱主及僱員的供款額，可能較在退休保障計劃或中央公積金的為低。

1994 年 7 月政府推出「老有所養諮詢文件」，建議採取「老年退休金計劃」，在民間引起了激烈爭論。民建聯原則上同意「老年退休金計劃」，不過，希望同時加入中央或強制性公積金的綜合方案，更收集到五千多市民簽名。我當時率領民建聯代表一同遊行上港督府，提出老人退休金計劃要由政府、僱主、僱員三方共同供款。遊行期間不幸地有長者因心臟病發而離世。

「翻兜」私營公積金計劃

其後在 1995 年 1 月政府公佈諮詢結果，指出因市民對計劃意見分歧，宣佈放棄「老年退休金計劃」，改為提出私營公積金計劃，並於同年 3 月 8 日提出強制性私營公積金計劃動議，威脅說如果強制性私營公積金不能取得明確的支持，將不會繼續下一步的工作。當時政府只提交兩頁半資料，便要推行政策，我在會上直言做法不公平，而且由政府提出的動議本身是「多餘」，因為如果政府決心推行一項政策，會直接交立法局，毋須進行動議辯論。

「政府今次完全違背過去的慣常做法，沒有向立法局提

交完整的計劃及進行全面諮詢工作，而在一個多月之內，倉卒提出動議，迫使立法局議員表態，一反過去數十年對退休保障所採取的拖延態度，我認為目的其實只有兩個，一是要在 97 年撤退之前，通過強制性私營公積金的法案，讓港英政府有所交代，另外亦希望企圖藉通過動議，『綁死』立法局，使議員及其他團體無法繼續爭取中央公積金和老年退休金，結束一場持續數十年的退休保障爭議。」

我雖然投了反對票，議案結果仍以 28 票對 21 票通過。為了爭取對勞工的保障，民建聯同年 5 月提出「雙層社會保障方案」，要求在實施強積金制度的同時，實行「社會保險金計劃」，令所有年滿 65 歲而又合資格的長者可以領取社會保險金。不過，建議不為政府接納。

威嚇否決便不再有方案

政府於同年 6 月 14 日向立法局提交《強制性公積金計劃條例》，並於 7 月 27 日通過，為退休金繳納供款的架構訂定條文。當時我雖然提出動議押後辯論強制性公積金條例草案，以免只有主體法案的框架，而沒有任何細節，政府卻威嚇，不可以無休止地提出退休保障方案，如果強制性公積金計劃再遭否決，政府便不會有進一步的建議。我提出押後，並非要否決法案，而是讓政府有更多時間準備附屬法例，讓下一個立法年度交立法局審議，「如果政府說法例遭

否決，便從此『洗手不幹』的話，我覺得這是不負責任的」。
我的動議結果也遭否決。

　　該條例於 1998 年 3 月修訂，並分別於 1998 年 4 月及
1999 年 5 月訂立附屬法例。該等附屬法例就監管強積金制
度的運作訂定詳細規則。強制性公積金計劃管理局於 1998
年 9 月根據該條例成立，負責規管、督導及監察強積金制
度的運作情況。經廣泛諮詢後，強積金制度於 2000 年 12
月 1 日實施。除非獲得豁免，否則年齡介乎 18 至 65 歲的
僱員和自僱人士均須參加強積金計劃。

　　強積金實施已 23 年，確實面對不少挑戰，近年更因為
疫症及經濟環境轉差，令到「打工仔」的強積金不斷下滑，
現時金融管理局的投資基金、教師強積金等都出現虧蝕，
而我當年希望政府成立中央公積金，目的是希望政府有大
一點承擔，「打工仔」有多點保障。

人口老化

　　香港人口老化問題日益嚴重，要做到「老有所為、老有
所依、老有所養」，並不容易，我在 1997 年擔任安老事務委
員會主席時便以此為目標，希望改善長者的住屋、院舍照
顧、家居服務，以及護老支援等。

　　1998 年特區政府採納安老事務委員會的建議，為領取
俗稱「綜援」的綜合社會保障援助的長者，額外獲得 380 元

我細心聆聽長者意見

擔任特區老人政策諮詢會講者（中）

1995 年 4 月向政府遞交市民簽名，爭取早日改善生果金（左一）

的綜援金、推出「家有長者優先配屋計劃」，讓擁有長者的公屋申請家庭可以優先配置市區公屋，並且縮短輪候年期至兩年內。同時推出「改善買位計劃」，提升私營安老院舍的服務質素等。

在回歸之前，長者福利不多，港英政府設有高齡津貼，但金額偏低，所以又戲稱為「生果金」。1988 年起，高齡津貼分為高額高齡津貼與普通高齡津貼，高額高齡津貼的每月金額是 320 元，而普通高齡津貼則為 280 元。重要分別是，後者是「不論貧富」，而前者則有資產及收入限制。

取消「生果金」資產審查

　　「生果金」金額一直偏低，2008 年時任特首曾蔭權在《施政報告》上提出，把「生果金」劃一提升至 1,000 元，但需要引入資產審查，在我和民建聯的反對下，政府最終放棄，直接將長者津貼金額提升至 1,000 元。在 2011 年 6 月我提出「訂立安老服務五年計劃」的動議辯論，也獲得通過；要求取消申領「生果金」的離港限制，令長者可以安心在內地定居養老。特區政府在同年宣佈，設新的「廣東計劃」，讓選擇移居廣東，並符合資格的香港長者，可在當地申領相同金額的「生果金」，於 2013 年底落實，而「福建計劃」則於 2018 年實施。

　　在 2012 年 10 月 24 日立法會討論全民退休保障制度的議案時，我提出了修正案，其中一個重點便是長者生活津貼計劃，我當時指出：「要解決長者貧困的問題，政府不能只依靠單一的綜合社會保障援助（綜援）制度。現時的社會保障制度存在的問題是，高齡津貼不足應付生活，而長者申請綜援金的要求又過嚴。因此，要幫助清貧的長者，我們必須在『生果金』和『綜援金』之間另設一層安全網。民建聯在 2010 年建議政府推行一套全新的『長者生活補助計劃』，為一些未能申請綜援的長者提供津貼，幫助他們改善生活。我們後來再提出一套三級制的『退休保障養老金計劃』。政府今次推出的『長者生活津貼計劃』，採納了民建聯擴展安

譚耀宗辭職相逼
力保老人生果金

專訪

擔任安老事務委員會主席8年的譚耀宗（見圖），將於本月底卸任。他在接受訪問時透露，在財赤嚴重時期，政府一度考慮削減甚至取消全港80萬老人每人每月領取的700元生果金。身為安老事務委員會主席，他曾傾全力向當局據理力爭，痛陳利害，更不惜辭職相諫，最終說服官員擱置這項建議。

譚耀宗於97年獲委任為安老事務委員會主席。他坦言任主席期間，曾經以辭職「要脅」政府不得取銷生果金。他說：當時有官員認為，80萬名領取高齡津貼（即生果金）的長者，有不少根本不需要援助，若取消了生果金，便可節省每年40億港元，集中資源去救濟貧困戶。不過，他認為政府一直為長者提供生果金，不應貿然取消。

8年來與長者建友情

8年來，他說自己最大的收穫，是和長者們建立了深厚情誼。他多次讚揚香港的長者，認為他們都非常親切及坦誠，又樂於體諒和理解別人。即使在經濟下滑的那數年中，他這個主席也從未被長者「找晦氣，謾罵或者刻意貶低過」。

談到未來要關注的問題，譚耀宗認為當局提出藥物名冊制度、醫療融資等改革措施都非常值得關注，因關乎長者和長期病患者的切身利益。同時，強積金推行數年後，亦出現了新的危機，例如近年有不少人以退休為理由，提前支取供款。由於這筆款數額不高，當錢用完之後，相當一部分人很快會墮入綜援網。譚指有關情況也許需要20年才可改觀，因他發現那些20年後才退休的人士，絕大部分已懂得儲蓄和投資了。

沙士期訪長者感悲哀

難忘經歷

身為安老事務委員會主席，譚耀宗不單只處理案頭的工作，更不時透過親身接觸，深入了解長者面對的實際困難和需要，而其中一次永世難忘的經歷，便是自己在沙士肆虐的日子裡，與衛生福利局的官員往安老院舍探訪長者。

「當時，在我踏進一間安老院探訪時，一位年近80歲的長者，向我們訴說他自己的遭遇：他房間裡包括他在內原本住了4名老人，其中3人先後因感染沙士而去世，僅剩下他一個人仍生存……當時全港老人院舍正實行封閉式管理，已經不准許家屬探望和安慰，而院舍方面因不確定他是否已經受到感染，還需要進一步將他獨立隔離起來。」

面對那樣處境的一位老人，譚耀宗相信任何人亦會為之動容，也許是心情太激動一時語塞，譚只記得自己當時僅能夠對老人講一些安慰及鼓勵的說話，讚揚老人家的勇氣。值得慶幸的是，該位老人後來被證實並無受感染。

本報記者 C4

2005 年 7 月 28 日
《文匯報》

2007 年 10 月 26 日要求增加生果金及取消申請人離港期限（右二）

全網的建議方向。」

「當前，貧富懸殊及社會分化日益嚴重，特區政府急需對症下藥，使這項惠民措施早日順利推行。對於現行的高齡津貼制度，作為社會保障的配套措施，民建聯也要求政府一併加以改善。我們的建議包括：撤銷現行申領普通高齡津貼的資產及入息審查，讓領取傷殘津貼的長者可同時領取高齡津貼，以及加快推行廣東計劃，並將此計劃擴展至福建省。」可惜我的修正案最終也被否決。

長者生活津貼倍增

梁振英上任特首後，支持我們的建議，於 2013 年推行

長者生活津貼，容許 65 歲或以上長者，只要通過低門檻入息審查之後，即可獲得 2,200 元的津貼金額，有關金額較原有的長者津貼提升一倍。

不過，當時對長者生活津貼計劃，要求 70 歲或以上長者要申報資產，卻引起極大不滿。雖然我和民建聯對此也有保留，但在期間進行逾千人的民意調查發現，近八成受訪者贊成政府推出長者生活津貼計劃，反對的只有約一成。如果必須要資產審查，近半受訪者表示應提高現時政府建

2012 年 10 月 30 日就長者生活津貼申報資產制度發表民調結果（中）

議 18 萬多的單身人士資產上限，而且近五成希望立法會財務委員會應先讓此計劃通過，所以在財委會上，我和民建聯的立法會議員都支持通過撥款，並在計劃通過後積極跟進，包括對資產申報的分歧，及提高資產申報限額等。

財務委員會審議長者生活津貼，經過近兩個月及逾 29 小時的「拉布」後，終於在 2012 年 12 月 7 日以 24 票贊成、3 票反對及 3 票棄權，通過長者生活津貼涉及相關人手的開支撥款。

2 元長者乘車優惠

在長者生活照顧方面，特區政府接納了民建聯提出 65 歲或以上長者 2 元乘車的建議。在 2000 年時，個別巴士和鐵路公司開始為長者提供間斷式的乘車優惠，但突然在 2008 年底宣佈取消長者週日及假日的乘搭優惠，於是民建聯在同年 12 月 17 日提出「減輕交通費用負擔」的動議辯論，促請政府與各公共交通機構磋商，將週日及公眾假期永久列為長者免費乘車日，以及延續巴士公司提供的長者假日乘車優惠及即日回程折扣優惠，動議獲得通過。

我當時在會議上明確指出：「巴士的固定成本不變，如果有更多人乘搭，也可帶來收入。這種做法既可顯示巴士公司對長者的關心，促進它的形象，也可增加收入，何樂而不為呢？除非巴士公司老闆因天氣乾燥，皮膚痕癢，所以想

2008 年 12 月 17 日，反對巴士公司取消長者假日及回程優惠，及支持「減輕交通費用負擔」的動議（左三）

譚情說政 40 年 —— 從打工仔到全國人大常委

被人罵來止癢。如果真的如此，也無可奈何了……事實上，在內地，長者乘車是免費的，不少長者便經常向我表示，內地坐公車不收費，對他們而言，香港對他們不公平。」

在 2010 年 11 月 17 日「檢討安全網保障範疇」的動議辯論上，我亦提出修正案，加入「推動交通機構全面提供長者及殘疾人士乘車優惠，並永久性地設立長者免費乘車日。」

時任行政長官曾蔭權最終接受我們的建議，在 2011 年 10 月《施政報告》發表時公佈，所有 65 歲以上長者和符合資格的殘疾人士能以每程 2 元的優惠票價乘坐港鐵、專營巴士、渡輪等公共交通工具。

乘車優惠促降至 60 歲

民建聯於 2012 年更提出，鼓勵專營巴士公司下調長者優惠年齡至 60 歲，並於 2018 年向時任特首林鄭月娥建議，把 2 元乘車優惠及長者醫療券年齡門檻降至 60 歲，於 2020 年 1 月得到林鄭月娥採納，2022 年 2 月落實。

「老吾老，以及人之老」，在香港人口老化持續之下，我期望特區政府的建設和政策，更貼心考慮長者的需要，無論是醫療、住屋和設施，都能惠及這群一直為特區默默耕耘的長者。

感動港督衞奕信的致辭

　　新任港督衞奕信才到任個多月，於 1987 年 5 月 13 日第二次主持立法局會議時，他便遇上一場「世紀辯論」，吸引無數團體代表前來立法局旁聽，這關乎「打工仔」未來福祉的中央公積金休會辯論，最終通過動議，而我當時的致辭也感動了衞奕信，摘錄如下：

工作至死方休

　　「主席先生、各位同事，你們曾經有過下列的切身體會嗎？一個七十多歲的老婆婆，被啤機砸斷了三隻手指後，仍要拖着疲乏的身軀上班，兒子媳婦勸她不要上班；但是老婆婆說子女的生活負擔重，入息不高，所以仍要工作，至死方休。另一個行動不便從事裝卸工作的老工人則在風浪中『震騰騰』爬上貨艇，然後在高達幾層樓的吊機上操作。假使你們是那位老婆婆，是那位老工人，你們會有什麼感覺呢？假使你們已屆六七十歲，而不能乘坐冷氣房車上班，還要擠上擠迫的公共車去『搵兩餐來餬口』，你們又會有什麼感覺？」

　　「你們會認為自己命該如此嗎？會認為自己自作孽嗎？你們會有何怨憤呢？這些老工人為香港的美好發展和繁榮景象貢獻了一生的時間，但是我們號稱進步開放的社會這樣回報他們。他們能沒有怨憤嗎？他們有，我也有。

他們埋怨為何他們竟然不能獲得退休保障以安享晚年，我埋怨我們的社會待薄了他們！」

長者勞工生活寫照

「人口老化趨勢，豈容忽視？不要以為上述只是個別的例子，在勞工階層裏，這些例子俯拾即是。我們又豈能忽視這問題呢？」

「主席先生，我今天的演辭實在太長了，誤了大家很多時間，但是作為勞工界的代表之一，本人對於年老工人退休應有保障這一個問題實際上是有很多話要說的。為了使主席先生對這個問題的重要性提高關注，我將會向主席先生送上一本年老工人的生活寫照，其中有很多老工人的生活照片，本人謹此陳詞。」

第九章
爭取最低工資

與新界西的團體代表一起爭取勞工權益（左二）

一條好的法例可以惠及社會和市民；一條原意好的法例，若思慮不周，卻有機會帶來反效果。最低工資立法，會否變為最高工資；公司會否因為成本上漲而「炒」年資高、效率不高的年長僱員等種種憂慮，都要仔細參詳。幸好這些憂慮最後都沒有發生。

最低工資是指政府規定僱員可獲得的最少薪酬水平，以保障僱員免受僱主剝削。最初由工聯會提出，但政府並不想推行，認為香港奉行自由經濟，薪金由市場自行調節，講的是供求定律，人手充裕，薪酬自然向下行；但人手短缺，便會扯高薪金，而強行定立最低工資，將會成為僱員最高的薪酬，因為僱主只要給予最低的工資，便不違法，毋須付更高的薪金。

工資保障運動成效不彰

勞工界一直認為，基層僱員保障不足，薪金經常被壓低，部分工種如清潔等時薪只有 14 元至 17 元，遠低於當時市場平均 22 元至 35 元 1 小時，結果在勞工界不斷爭取下，時任特首曾蔭權於 2006 年 10 月的《施政報告》中宣佈，為清潔工人及保安員推行「工資保障運動」，透過自願參與和書面僱傭合約的規範，鼓勵僱主付予這些員工不低於政府統計處的市場平均工資。

這都是為紓減勞工界向政府施壓的「緩兵之計」，然而

■譚耀宗當選立法會《最低工資條例草案》委員會主席。

【實習記者張妙然報道】立法會《最低工資條例草案》委員會昨日召開首次會議，並選出民建聯譚耀宗為主席、會計界陳茂波為副主席。

料明年底落實

委員會暫定於9月底再開會正式審議草案，期望於本年底前完成。政府預料可於明年初提交數據，預計條例最快於明年底落實。

委員會共有36名議員加入，其中12人來自工商專業界、7人來自勞工界。委員會昨日舉行首次會議，選出民建聯譚耀宗為主席，以為會計界陳茂波為副主席。

委員會暫訂於9月24日，立法會復會後再次開會，並期望本年年底前能夠完成草案審議。政府估計於明年初遞交數據，用作釐定以時薪為單位的最低工資水平。預計條例最快明年底落實，外傭及實習生則有豁免。

自由黨不反對

對於工商界遴派多人加入委員會，職工盟李卓人擔心會拖延討論，甚至將整個法案拖倒過來。

而自由黨主席劉健儀則表示，自由黨不是要反對立法，亦無意拖延立法。她又指法案影響眾多及中小企人士，更可能加劇失業，故委員會應作全面及仔細的討論。

「工資保障運動」只是自願性質，自然成效不彰。2007 年正好是特首換屆，曾蔭權競逐連任，為了爭取工聯會支持，亦同意把最低工資立法納入其參選政綱。

曾蔭權「找數」

曾蔭權連任後隨即「找數」，在 2008 至 2009 年《施政報告》中宣佈，在同一個立法年度引入法定最低工資條例草案。《最低工資條例草案》在 2009 年 7 月 8 日於立法會進行首讀及二讀，我後來更成為最低工資條例草案委員會主席。

草案委員會開了 30 次會議，並且聽取了 72 個團體的意見，用了超過 90 小時。我當時在會議上發覺，無論是商界背景或勞工背景的議員，雖然立場各異，但沒有故意拖延條例草案的審議，這一點我覺得是值得讚賞的。

補充工資保障缺漏

　　我在立法會上發言時指出：「最低工資的立法，將會補充工資保障的缺漏，以及完善扶貧的社會體制。民建聯過去雖然曾擔心最低工資制度會否變成為限制基層工人薪酬的『最高工資』制度，但我們發現，光靠勞工市場的供求來決定工資水平，由於基層勞工的供應充裕，特別是年長的勞工、新來港人士，以及競爭能力弱的人士，因此他們的工資變得愈來愈停留於一個低水平。」

　　「最低工資的實施會否令低薪行業內的一些小企業倒閉，英國過去 11 年的經驗顯示，最低工資的實施雖然會降低低薪企業的盈利率，但並沒有證據顯示盈利的降低令這些企業更易倒閉。從 1999 年實施最低工資制度至今，那些聘用較多低薪員工的企業的倒閉率，與英國企業整體的倒閉率基本上是完全相若的。」

望法例帶來正面效果

　　「無論如何，我也要向政府提出，在落實法例時，可能有一些年紀偏大、競爭能力較弱的工人，他們的僱主因為不可以支付高一點工資而可能會選擇僱用其他工人。」我當時已表明政府應該幫助這些工人，僱主亦要理解社會要發展，希望法例真的能夠帶來正面效果。

最低工資立法已經爭論十多年，勞工界期望藉此可以改善基層勞工的薪酬待遇，但不少僱主卻有很多疑慮。立法會辯論超過 40 小時，終於在凌晨以 45 人贊成，1 人反對下獲得通過。

建議 28 元

最低工資雖然已通過立法，但生效日期及最具爭議性的最低工資金額仍要通過附屬法例才生效。為了籌備最低工資出台，由來自勞、商、學術及政府代表組成的臨時最低工資委員會於 2009 年 2 月成立，負責定出首個法定最低工資，並建議每小時 28 元，相等於香港 2009 年第二季的每小時工資中位數的 47.9%，約 31 萬人或佔全港僱員總數的 11.3% 僱員的工資會增加約 17%。

我亦再次被推舉為研究法定最低工資附屬法例小組委員會的主席。為使小組委員會有更多時間研究，議員之間亦可以有充分時間作討論，立法會通過把審議期推遲近一個月至 2011 年 1 月 5 日。

在立法會於同年 1 月 5 日審議相關附屬法例時，我明確支持 28 元最低工資的決定，原因有三。第一，法例規定臨時最低工資委員會在履行職能時，必須在防止工資過低、盡量減少低薪職位流失，以及維持本港經濟發展及競爭力這四個關鍵層面上取得適當平衡。從委員會編製的報告可

見，委員會已盡力遵從上述原則。

受惠工人增近兩成

「第二是社會效果。28 元的水平將會令受惠工人的工資增加 16.9%，較大幅度改善他們的收入狀況。對企業來說，根據研究，大部分企業均可以承受薪酬開支增加的成本。所以，這不會導致出現企業大規模精簡人手的情況。」

「第三是與其他地方的比較。28 元的水平將可涵蓋 11.3% 的全港僱員，這比例遠高於英國在 1998 年剛實施最低工資制度時的 5.4%。」

「最低工資水平是一個滯後的數字，特別是首次數字所反映的，是 2009 年年中的情況，因此，我希望政府能加密最低工資水平的檢討周期，應該每年檢一次，使數字能緊貼社會情況，加強保障低薪工人的權益。」

望有條件機構盡快落實

《最低工資條例》雖然在 2011 年 5 月 1 日才正式實施，但我和民建聯都認為政府應該鼓勵有條件的機構提早落實時薪 28 元的最低工資水平。政府的政策局更應該促請各個相關的公共機構即時更改僱傭條件，提高低薪工人的待遇。

如今最低工資已實施超過 10 年，最低工資也由 28 元增至 40 元，條例當然仍有許多可以改善的地方，但即時令 31 萬名薪金低微的打工仔受惠，我希望條例可以不斷改進，令勞工權益可以與時並進。

專門處理奇難雜症

在立法會每有艱巨或爭議性大的條例草案的時候，大家可能都發現，我會成為該些草案委員會的主席，負責把關及排難解紛，今次《最低工資條例草案》也不例外，而且在之後的附屬法例小組委員會，我都成為主席，所以有人形容我是專門處理奇難雜症的高手。

擔任主席或許對公眾來說，只是主持會議秩序，但在立法會，主席管理提上日程的議題次序、開會的時間及密度等，所以遇上一些爭議性大的議題，各黨派都會爭取主導權成為主席，尤其是最低工資，勞方希望多收，資方希望少付，怎樣找出一位雙方都信得過的主席？

主動邀我任草案委員會主席

記得當時勞工及福利局局長張建宗主動找我商量，希望我能出任最低工資條例草案委員會主席，因為我在議會上，各黨派都受落，我出身工會，工會比較放心接受，而商界也認為我較公道，所以成功當選主席。

在最低工資條例草案委員會上，最初有商界背景的議員都希望「拖」，但我不容許他們重複提問及發表意見，審議完成後便交大會；到研究法定最低工資附屬法例的小組委員會，大家明白法例已通過，只是就金額及技術性問題和細節要處理，例如食飯的時間、花紅等會否計入工時。

　　我的勞工背景無礙審議，沒有人提出質疑，勞工界和商界都放心，我不搞對立，不耍手段，若大家有不同意的地方，我樂於召開更多會議，讓雙方詳述立場。

第十章
回歸

1997 年在會展舉行回歸儀式（圖片來源不詳）

譚情說政 40 年 —— 從打工仔到全國人大常委

在 1997 年 6 月 30 日接近凌晨，看着英國國旗徐徐落下，中國國旗和香港特別行政區區旗緩緩升起，我當時真的無比興奮，香港終於回歸祖國，整個交接儀式順利舉行。返回家中雖然已約是凌晨 4 時，但依然難掩那份喜悅，久久未能入睡。

自從 1984 年簽署《中英聯合聲明》之後，連串談判不停展開，過渡期間，我不但參與起草《基本法》，又要兼顧立法局事務，親身經歷種種中英爭拗，更曾擔心能否平穩順利過渡，幸好最後一切困難都克服了，才有 6 月 30 日到 7 月 1 日的交接儀式。

卓琳見證歷史時刻

我當時有幸獲邀成為首屆特區政府行政會議成員，能坐在移交大典的舞台之上，出席這個盛會，實在感到十分榮幸和激動。最難忘是入場時，遇上「一國兩制」總工程師、已故領導人鄧小平遺孀卓琳，大家都跟她親切交談和握手，我當時很感觸，若鄧小平能親自前來，見證這個歷史時刻，那有多好！

鄧小平當年以「一國兩制」構想，收回香港，極具遠見、膽量和決心解決這歷史問題，要知當年祖國不但落後於英國，而且經濟實力更加無法相比，但鄧小平卻能作出「一國兩制」的決定，我心中無比的敬佩，感恩的心情，

百年恥辱，終於洗刷，一幕幕經歷都閃現眼前，令我難以忘懷。

凌晨 3 時不覺累

儀式完畢後，清晨約 3 時，臨時立法會隨即舉行在香港特別行政區的第一次會議，制定《香港回歸條例》，可能大家身處這個歷史時刻，鬥志激昂，也知道法例要即時生效，不能影響特區運作，所以我們並未有覺得疲累。

當時我作為「雙料」議員，在行政會議和臨時立法會不但工作繁重，也是責任重大。臨立會要檢討當年立法局通過的大量法例，確保並沒有違反《基本法》，亦要為 1998 年第一屆立法會選舉做好準備；在行政會議方面，我被委派負責研究人口老化問題，後來在我建議下，政府成立了安老事務委員會。

考驗

回歸後不久，即時發生的大事，是 1999 年居留權風波，當時終審法院裁定：「所有香港永久居民在中國內地所生子女，不論有否單程證，不論婚生或非婚生，不論出生時父或母是否已經成為香港居民，均擁有居港權。」

我作為起草《基本法》的委員，明知立法原意並非如

1996 年 6 月 30 日，我（右二）出席民建聯在遮打花園舉行的「六百萬
人　六百萬事　我為回歸做件事」活動

1996 年 9 月，在街頭向市民派發「港人身份望真 D」單張

此，而時任保安局局長葉劉淑儀亦指出，以終審法院的解釋，未來有超過 100 萬人可從內地移居香港，令香港無論在經濟或社會設施上，都無法承受驟然而來的大批居民，只有釋法才能解決終審法院裁決引發的問題。

我當時接受訪問時便表明：「居留權問題，永久性居民定義，當時要求人大釋法，的確是好困難的決定……根本無試過，終院判決後帶來好大的後果，如何處理，當時都費煞思量，總算在人大常委會幫助下，渡過了這個難關。」

終審法院裁決後特區政府已知悉事態嚴重，很快召開行政會議，聽取保安局、統計處及律政司等相關部門的評估和匯報，當時也擔心香港法律界和市民會有負面的看法，但終究釋法是唯一的方法，於是便由行政長官董建華提請人大常委釋法。後來人大常委會按《基本法》規定只有在子女出生前，父或母一方是香港永久居民，子女才享有居留權。合資格來港的內地居民的人數因此減少至約 30 萬，但若全部同一時間湧入香港，也難以應付，於是向中央反映意見，得到中央支持，定下每日來港配額，令他們既可以家庭團聚，也可以有秩序地來到香港，減輕香港的負擔。

確立釋法權威

經此一役，便確立了人大常委釋法的權威。社會上部分人最初不願接受，但香港人也知道，香港難以承受額外百

多萬人，而特區政府強調，對日後釋法要求十分小心，不會輕易提出。

回歸 26 年過去，香港一共只有六次釋法，第二次是 2004 年人大常委主動談及普選問題；第三次是 2005 年由署理特首曾蔭權提出，補選特首任期問題；第四次是 2011 年由終審法院提請，關於剛果案外交豁免權爭議；第五次 2016 年則是由人大常委主動就立法會宣誓風波釋法，規定要莊重宣誓；第六次是《港區國安法》，由特首李家超提出，處理黎智英聘請英國御用大律師的問題。

經過多年的了解，現在香港人已明白釋法的重要性。釋法本身就是香港法律機制一部分，在《基本法》第 158 條上清楚指出，「關於中央人民政府管理的事務或中央和香港特別行政區關係的條款……」，都應該向人大常委尋求解釋。

20 多年來已證明，無論中央或特區政府都不會輕率地釋法，對香港法治不但無影響，而且起到鞏固作用。

綵排爆笑彈

1997 年 7 月 1 日特區成立之日，全體行政會議成員都需要正式宣誓，才能成為香港特區政府第一任行政會議成員，而負責帶領行政會議宣誓，是當時的行會召集人鍾士元。

人稱「大 Sir」的鍾士元，在未過渡之前已是行政局首席非官守議員，最資深的政壇元老，當年他出任行會召集人已是 80 歲。為了令整個交接儀式順利進行，當年所有參

1997 年 7 月 1 日行政會議成員宣誓（圖片來源：政府基本法網頁）

譚情說政 40 年 —— 從打工仔到全國人大常委

與的人都要出席綵排，而這位政壇教父雖然英文了得，但普通話就令人捧腹。

誓詞內容其實不足 100 字，為何卻如此好笑？內容如下：「我謹此宣誓：本人就任中華人民共和國香港特別行政區行政會議成員，定當擁護《中華人民共和國香港特別行政區基本法》，效忠中華人民共和國香港特別行政區，盡忠職守，遵守法律，廉潔奉公，為香港特別行政區服務。」

他或許認為把廣東話讀歪一點便成為普通話，結果香港特別行政區讀成香港特別「神經區」，行政會議成員都變為「神經會議成員」，而香港特別行政區《基本法》，亦成為「神經區」《基本法》。

本來很嚴肅的綵排，大家本想忍着不笑，結果還是忍不了，全場大笑，特首董建華則笑到掉下眼淚，之後大家當然都為「大 Sir」惡補普通話，回歸大典的儀式中，再沒有令一眾行會成員及嘉賓哄堂大笑。

第十一章
主要官員問責制度

2002 年 6 月 24 日特首董建華宣佈問責官員及行政會議成員名單（圖片來源：新華社）

譚情說政40年 —— 從打工仔到全國人大常委

如何令施政更有成果和效益？如何令有志服務公眾的人才可以另闢途徑加入政府？如何令公務員團隊中表現出眾、有承擔的官員可以進一步發揮所長？由於可以物色與特首理念接近的問責官員，他們會忠於特首，積極協助施政，這便是主要官員問責制（問責制）誕生的起源。

回歸之後，港人治港，高度自治，由香港人擔任特首，聯同香港人組成的行政會議和立法會議員，再加上香港人的官員和公務員，特區政府本應運作得如魚得水，如虎添翼，但可惜得很，政府運作並不暢順，尋找適合人選當司局長並不容易，因此要考慮推行問責制。

特區開局並不順暢，針對香港社會經濟民生問題，第一任行政長官董建華提出了不少具建設性的規劃，但就遇上種種天災和人禍。1998 年便有亞洲金融風暴衝擊，股市大跌；為解決樓價高企而提出的 85,000 房屋單位政策，又不幸變成物業貶值導致負資產出現的元兇；再加上禽流感爆發、居屋短樁等事故，全部都歸咎到特首的頭上。

鐵飯碗公務員

在此制度之下，不論誰人擔任特首，公務員都會留在既有崗位之上，特首可以每五年更換一次，最長擔任十年。這群公僕則有鐵飯碗，特首如何駕馭一群鐵飯碗的公務員呢？又是否可以吸納表現優秀者，成為既可信，又能成為特

首的左右手？

如果特首換人，可能新任行政長官對過去政策有不同意見，便會造成今日的司局長打倒昨日的司局長。為免這些尷尬情況出現，設立主要官員問責制似乎是最佳選擇。

董建華推行問責制，加強主要官員在不同政策範疇承擔的責任，確保政府可以更好地回應社會的訴求，制訂全面協調的政策，加強行政機關與立法會的合作，有效地落實政策，以及提供優質的公共服務。

問責制適用於 3 位司長和 11 位政策局局長。行政長官可以從公務員體制之內或從外界物色合適的人選，提名他們出任司長和局長。他們將按照一套新的薪金制度和服務條件受聘，並以合約訂明權利及責任，任期不超逾提名他們的行政長官的任期。

不滿問責制呈辭

2000 年 10 月董建華於《施政報告》提出有關問責制的構思，可惜推行問責制時，遇上時任政務司司長陳方安生和反對派大力反對，認為特首應該如港督，只負責大的方向，執行則由公務員處理，否則會影響公務員的中立性，而陳方安生則於 2001 年 1 月以私人理由呈辭，及後她接受訪問時，指出是不滿問責制因而辭職。

相反，社會上對問責制沒有什麼反對的聲音，認為類似

部長制的方法不錯。因為回歸不久發生了新機場事件，沒有官員要為此負責，陳方安生說一句遺憾便了事，繼而又有居屋短樁等事故，在在都令市民反感，認為鐵飯碗公務員就毋須負責。

民意支持問責制

民政事務局當時委託 ACNielsen 公司就問責制所作的民意調查顯示，超過六成半受訪者支持推行問責制，並且有接近六成受訪者認同應該在 2002 年 7 月 1 日實施問責制。

反對派當然不會放過行政長官，提出行政長官要大權獨攬的質疑，董建華當年曾回應：「行政長官的權力在《基本法》中有清晰明確的規定。根據《基本法》的規定，行政長官是特區政府的首長，領導特區政府全體官員，包括公務員。按照《基本法》，特區政府所有官員的權力源於行政長官。行政長官如何調配權力，完全視乎其施政方面的需要。行政長官的權力既由《基本法》全部賦予，根本不存在，亦沒有必要通過新的制度來加強他的權力。」

問責制於 2002 年 5 月在立法會通過時，民主黨李柱銘提出修訂案，支持以民主普選政制為基礎，問責官員要向立法會負責。

我當年在辯論時指出，李柱銘議員「用盡陰謀論，把主要官員問責制說成行政長官大權獨攬，威迫公務員馬首是

瞻，挑撥行政長官與主要官員的關係，甚至把主要官員形容為未熟的炸子雞，供國家領導人裹腹，完全是一派胡言亂語，毫無建設性」。

急市民所急

我更進一步指出：「引入問責制，可以通過架構重整，急市民所急，加快行政步伐，加強政府對民意的掌握。新制度下的主要官員直接參與各項政策的最後決定，他們必須為自己管轄範疇的施政成敗負上政治責任，藉此加強效率，及時回應社會的訴求，為市民提供更好的服務。」

「當然，新制度能否成功，最終取決於是否有合適的人選。他們須對社會有承擔，任勞任怨，深入民間。我相信在公務員體系內或社會上，都有不少這類優秀人選。政府引入問責制，除了獲得廣大市民支持外，還要得到公務員系統的充分配合及支持。」

當時李柱銘堅持推行問責制必須先有行政長官普選制度，強行把普選與問責制掛鈎，根本是罔顧《基本法》循序漸進的規定，而第二屆行政長官選舉，《基本法》規定由一個 800 人組成的選舉委員會選舉產生。修訂案不理《基本法》，強行要求普選才實行問責制，就是無視香港的現實及市民的意願，對經濟復甦及民主發展進程，都是百害而無一利。

推銷問責制

　　當時作為行政會議成員，我也有積極介紹問責制，在通過問責制不久之後，便在報章上撰文，向市民講解問責制有助提升施政效能：「特區政府的運作和架構經歷五年的實踐，顯然有需要調整及加以完善，從而追上社會的發展，回應市民日漸提高的期望和要求。特區政府在符合《基本法》的規定下，實行『主要官員問責制』，無疑是一個強化政府的政治領導能力、提高施政效能，並提升香港居民以及國際社會對『港人治港』的信心的一個有力措施。」

　　「引入『主要官員問責制』，是在《基本法》的框架下，通過政府架構重整，急市民所急，加快行政步伐，加強政府對民意的掌握。新制度下的主要官員，直接參與各項政策的最後決定，他們除了要匯報工作及回答質詢這些行政責任之外，還必須履行回應訴求及承擔後果的政治責任，必須為自己管轄範疇的施政成敗負上政治責任，真正做到權責的合一。」

　　「公共服務不單要有效率，更重要的是要有效能，可以符合社會及公眾的需求。單純注重部門內目標的設定及效率的提高，而忽略施政的效果以及對社會的影響，政府的政策便不能達到維護公眾利益，促進社會整體的福祉的最終目的。引入主要官員問責制，就是在保證《基本法》所規定的『行政主導』的原則下，提高政策制定的實力……以政績

表現贏取市民大眾的信任和支持。」

第一滴血

問責制實施初期，體現了司局長承擔責任。2002 年「仙
股風波」，引起市場恐慌拋售仙股，時任財經事務及庫務局
局長馬時亨作公開道歉。2003 年因推行《基本法》23 條立
法，又有財政司司長梁錦松買車風波，結果時任保安局局長
葉劉淑儀和梁錦松雙雙在 7 月呈辭。2003 年又爆發「沙士」
疫症，為體現問責制，時任衛生福利及食物局局長楊永強於
2004 年 7 月辭職。

讓特首在社會各界尋找理念相同及願意服務市民的人
才或者公務員，加入成為問責官員，做法是合理的，否則特
首在政府內只是孤家寡人，如果特首不是來自公務員，更需
要有自己組成的團隊，他們要為政策制定負責，向市民推廣
政府政策。不過，問責制推行一年多，便有三名問責官員辭
職，可能嚇怕不少有志服務社會大眾、於私人公司表現傑
出的人士加入。

擴大問責制

單靠一層司長及局長，發揮有限，在曾蔭權擔任特首的
年代，政府於 2007 年 10 月發表《進一步發展政治委任制度

報告書》，決定加多兩個層面的政治任命官員，分別是副局長和政治助理。記得當年曾蔭權認為，一層的問責官員太單薄，不足以有效應付管治及政治工作，而增設政治委任職位，同時可以提供培育政治人才發展事業的階梯。

立法會財務委員會於同年 12 月通過開設該兩層合共 24 個職位，由 2008 年 4 月起生效。事實上，增設兩層政治任命，可以解決一個現實問題。在董建華年代的問責制，司局長若要外訪或病倒等未能履行職務時，便由其他司長或局長署任；有了副局長之後，便可以直接由副局長署任局長，毋須由其他司局長代理其職務。

新增兩層政治任命官員之後，也為退休公務員及政團才俊增加發展的機會。不過，曾蔭權的民望自始便一直向下滑。有評論指責這是明益退休高官自己人，因為退休公務員轉為問責官員，可以同時取得兩份薪酬，一是每月的退休金、一是每月擔任司局長的薪金，薪酬優厚，直接影響公眾對問責班子的觀感。也有評論指出副局長和政治助理薪酬過高，特別是政治助理，薪酬要比立法會議員還要高，但所做到的工作卻成效不彰。

政團中覓人才

我認為，增加副局長和政治助理，可以在政團中尋找人才，他們曾經歷選舉洗禮，明白要重視民意，而且政治敏感

度較高，可以緊密接觸市民，所以民建聯對此表示支持。當然推薦一些人加入政府後也非一定有「着數」，因被政府吸納後，政團也會損失一些可造之才。

第一屆董建華政府，有民建聯創始成員梁愛詩獲任命為律政司司長。在曾蔭權擴大問責制之後，民建聯有三名成員獲委任，分別是成為商務及經濟發展局副局長的蘇錦樑、發展局政治助理張文韜和民政事務局政治助理徐英偉。

蘇錦樑其後更成功晉升為商務及經濟發展局局長，過渡至下一任特首梁振英的問責班子，而徐英偉更是曾歷任三屆特首的問責官員，由政治助理、晉升為勞工及福利局副局長，最後成為民政事務局局長。許正宇則獲得林鄭月娥垂青，成為財經事務及庫務局局長。

自從推行問責制後，民建聯一直有向政府輸出人才，連同梁愛詩在內，至今已有 13 位，分別出任司長、副司長、局長、副局長和政治助理。政府有需要，我們都會優先讓政府採納我們的人才，好比當年蘇錦樑不但是民建聯副主席，也負責領導青年民建聯的工作，最終都讓他加入政府。

民建聯成員若認為自己具備條件，我們都會推薦，但也要政府願意接受。在梁振英任特首的時期，民建聯組成人才遴選小組，曾向梁振英推薦了十人名單，但他上任之後，除安排蘇錦樑和徐英偉留任之外，只吸納了劉江華為政制及內地事務局副局長，及至 2013 年初才新增陳百里成為商

加入政府的民建聯成員，出席 2022 年（上圖）和 2023 年元旦活動

務及經濟發展局的政治助理。

到新任特首李家超，他不但重組及增加政策局，在問責
制內又增設副司長的職位，前民建聯成員張國鈞便出任律
政司副司長的職位。有意見認為，律政司工作敏感，不應有
政治聯繫，故此他獲任命為副司長不久，便離開民建聯。

出任政治任命官員一定要貼地氣，不能只是擔任主禮
工作，但要他們落區見居民也有困難，屬下的官員也不敢
要求他們落區。尋找人才出任問責官員並不容易，首先來
自私人公司事業如日中天的，要他們放棄本身的工作加入
政府，也要三個月呈辭，對公務員團隊不熟悉，也要時間磨
合，而且有任何政策失誤，隨時棄車保帥，人頭落地。最終
還是有較多公務員出任問責官員。

新征程

要令問責制實至名歸，不單要擴大政治任命層級，合適
人選也十分重要，不論司長、副司長、局長、副局長或者
政治助理，團隊要權責分明，有權也有責，大家都要集思廣
益，多吸納不同層面的意見。

問責官員要與立法會議員建立互動、互信和合作的關
係，不要事事留給自己「擺威」，看不起議員。既然是愛國
者治港，便要建立互信，官員態度要作出改變，例如簡約公
屋的興建，如果能先聽取議員的意見再出台，解釋造價高的

原因，便能讓議員和公眾更理解和支持有關政策。

　　問責官員與政團或地區組織合作，也不用再搞「偶遇」安排，擔心被市民批評政府與政團走得太近。若能做到急市民所急，解決到市民的問題，又何懼之有呢？

　　實行多年的問責制，要踏上新征程，問責官員要重視民意，體察民情，勇於面對市民大眾，要明白落區不是花時間，無得着，相反，與業界或地區組織多開會多見面，多了解他們的看法和需要，對政策制定會更加貼近民意。

第十二章
23 條立法及
「沙士」夾擊

2002 年 12 月 22 日，支持立法保障國家安全大聯盟在維園舉行集會

2003 年是充滿挑戰的一年，特區政府忙於就《基本法》第 23 條立法作宣傳推介，怎料突然殺出一種名為「嚴重急性呼吸系統綜合症」（SARS「沙士」）的病毒，初期更有點措手不及。

國家安全全球重視

每當提及 23 條，總被反對派形容為洪水猛獸。我作為基本法起草委員會成員，跟其他委員都認為，國家安全在全世界每一個國家都十分重要，需要有法例的保障，現時不同的國家都有類似的法例，保障其主權、領土完整、統一及國家安全。香港在港英管治期間，並無任何國家安全的條例，因為英國是君主立憲制國家，所有事都關乎英女皇，兩者之間的關係亦不盡相同。

香港法例第 200 章《刑事罪行條例》第 I 部和第 II 部等，雖然都有叛逆、煽惑叛變、煽惑離叛等罪行，但只針對英女皇，不能直接引伸。考慮到所有的細節難以透過《基本法》來詳細訂明，也不應在《基本法》有太多細節的條文，加上在討論相關內容時大家也有不同見解，故此希望由香港特區自行立法。

《基本法》內特別寫上「應自行立法」，不是由中央處理，因為執行上的細節應該由本地立法，中央明確指出，應該要由香港特區政府負責，內容有七方面：「禁止任何叛

國、分裂國家、煽動叛亂、顛覆中央人民政府及竊取國家機密的行為，禁止外國的政治性組織或團體在香港特別行政區進行政治活動，禁止香港特別行政區的政治性組織或團體與外國的政治性組織或團體建立聯繫」。中央對特首、對特區政府都是充滿信任，相信他們可以完成這憲制上的責任，故此並沒有寫明落實的日期。

信任特區不寫落實日期

在回歸之初，特區政府忙於應對不同的燙手山芋，包括金融風暴、居屋短樁事件、釋法風波、數碼港事件等。當特首董建華競逐連任，即時獲得很多支持，輕易勝出，社會也較為平靜。既然早晚也要做，第一屆未能就 23 條立法，便希望在其任滿之前，即第二屆任期內完成 23 條立法。

2002 年 9 月 24 日，特區政府發表《實施基本法第 23 條諮詢文件》，諮詢為期三個月，收到超過 10 萬份意見書。民建聯支持立法，並呼籲市民積極表達意見，確保有關立法履行特區對保障國家安全的義務，又不會影響市民享有的權利、自由和生活方式。

在諮詢期間，反對的人士認為法例會被用作鞏固中國共產政權的非民主統治，而不是維護國家安全。我當時反駁，部分《基本法》第 23 條所訂的罪行，實際上是根據原有法例處理，並舉例指出，叛國罪是根據《刑事罪行條例》（第

2002 年 11 月 11 日舉行座談會，向市民講解 23 條立法

200 章）處理的，而在諮詢文件中建議訂立該罪行，目的只是為了更新及改善有關條文，以符合《基本法》的規定。

有學生在出席立法會委員會時表示擔憂，認為七項罪行界定不清楚，很容易違法。我當時促請學生看清楚諮詢文件的建議，當中有說明七個範疇有關的行為，而諮詢文件已就該等行為作出清晰的界定。

我認為大部分奉公守法的市民不會涉及擬議的罪行，其中包括有關與外國人聯手發動戰爭以推翻中國政府的罪行、以武力或強制手段強迫中國政府改變其政策或措施、或向中國政府施加武力或強制力等。我相信，只要人們更仔細閱讀諮詢文件的內容，他們的疑慮將得以紓解。

12 萬簽名支持立法

民建聯其後與 26 個團體發起「支持立法保障國家安全大聯盟」，又在 12 月 22 日於維多利亞公園舉行有四萬多人參加的集會，並把支持立法的聲明和收集到的 12 多萬個簽名遞交特區政府。

最初推出 23 條諮詢時，提及國家安全，人人有責，大家都支持，市民反響也不大，直至反對派包括民主黨及公民黨前身二十三條關注組大肆抨擊，攻擊時任律政司司長梁愛詩及保安局局長葉劉淑儀，批評會以言入罪，沒有人權，是「港人頭上一把刀」等人人自危的言論，挑起公眾猜疑和恐懼，引起社會恐慌。

反對派雙重標準

我當時便質疑民主黨，「在 1996 年 1 月 17 日曾在港英政府的立法局提出議案，促請港英政府立即修訂有關叛國、煽動叛亂及竊取國家機密的法例，並制定禁止顛覆行為的法律。而民主黨現時又說香港社會沒有立法的迫切性，但是當年他們又為何急不及待地催促殖民地政府盡快立法呢？」

事實上，民主黨當時也知道按《基本法》規定須就國家安全問題立法，而現行的《刑事罪行條例》並不適用，由於

對特區政府沒有信心，於是才趕在回歸之前，要求港英政府修訂相關法例，但是港英政府並未有處理。

反對派也曾以 23 條內的罪行，已散見於當時特區政府法例之內，毋須急於立法，如《刑事罪行條例》（第 200 章）第 I 和 II 部分別處理叛逆和煽動罪行。關於保護官方資料方面，《官方機密條例》（第 521 章）處理諜報和非法披露官方資料等罪行。《社團條例》（第 151 章）規管的事宜，則包括外國政治性組織的活動和與該等組織的聯繫。

不過，這些法例並未有包含 23 條內的叛國、顛覆、分裂國家等罪行，而且《刑事罪行條例》是針對女皇所作出的行為，也難以簡單地作適應化修改。

人權自由非無限

對於反對派批評侵犯人權，破壞言論自由等，事實上人權自由亦不是全無限制，即使根據《公民權利和政治權利國際公約》，也會基於國家安全、社會安寧及公共秩序而有所限制。

比如《公民權利和政治權利國際公約》第 14 條公開審訊的權利、第 19 條發表自由的權利、21 條和平集會的權利和第 22 條保障結社自由，如果涉及國家安全或公共安寧、公共秩序等，可以限制，重要是在保障人權及維護國家安全上，需要取得平衡並符合法治原則。

自由條款有保障

當年起草《基本法》時，已加入很多保障人權自由的條款，所以落實 23 條時亦要符合相關的條款，《基本法》第三章居民的基本權利和義務第 27 條便指出，「香港居民享有言論、新聞、出版的自由，結社、集會、遊行、示威的自由，組織和參加工會、罷工的權利和自由。」

而且第 39 條也訂明：「《公民權利和政治權利國際公約》、《經濟、社會與文化權利的國際公約》和國際勞工公約適用於香港的有關規定繼續有效，通過香港特別行政區的法律予以實施。」

特區政府在 2003 年 2 月 26 日向立法會提交，《基本法》23 條的《國家安全（立法條文）條例草案》進行首讀，立法會成立《國家安全（立法條文）條例草案》委員會進行多番討論，法案委員會曾先後舉行 29 次會議，當中包括與 110 個團體／個別人士舉行 4 次會議，以聽取他們的意見。法案委員會並接獲由另外 53 個團體／個別人士提交的意見書。最終內會支持政府當局建議，於同年 7 月 9 日恢復條例草案的二讀辯論。

屋漏偏逢夜雨

23 條立法與「沙士」爆發差不多是同步發生。2003 年

春節過後，「嚴重急性呼吸系統綜合症」（「沙士」）襲港，當時沒有人知道「沙士」是什麼，禽流感可以殺雞，但「沙士」到底如何傳播，是喉管還是飛沫等，都不掌握，只知道要戴上口罩，勤洗手。

正是人人自危，短短四個月內，近 2,000 人確診，更奪去約 300 人的寶貴生命，死亡率高達 17%。感染「沙士」不但有很高的死亡風險，食藥痊癒，也要面對骨枯的後遺症。當時社會陷入恐慌，對香港經濟造成沉重打擊，物業價格低處未見低，而失業率則屢創新高，曾見 8.7%。

2003 年 4 月 18 日民建聯舉行「全民清潔大行動」，幫助長者清潔家居（左一）

為保障市民大眾的健康，呼籲要戴口罩

2003 年「沙士」襲港，在街頭向市民派發口罩和避疫香囊

2003 年 5 月 23 日發起「支援內地抗炎籌款」

院舍措施護長者

直至同年 6 月 23 日，香港終於從「沙士」疫區中除名，我作為安老事務委員會主席，在疫情期間曾到安老院舍探望長者，了解長者在院舍內的情況，及如何做好預防工作，減低長者被感染的機會，於是我在 8 月提出，就如何預防「沙士」擴散至長者作出檢討，並針對老人聚居的院舍提出以下措施：

一、醫管局從業界招聘醫生，以加強轄下社區老人評

估小組為安老院舍提供的服務範圍，這避免不必要的入院留醫情況，從而減低感染風險。

二、衛生署及社署會向院舍提供更新環境衛生的指引、制訂控制傳染的措施、在遇有感染個案時提供意見及在需要時給予保護物資的支援。

三、衛生署和社署加強對居於不理想環境中的弱勢長者提供協助。

不過，一波未平，一波又起，在立法會恢復二讀《國家安全（立法條文）條例草案》辯論前夕，又爆發七一遊行，我記得，當時不單是因為不滿意 23 條立法，還有特區政府對「沙士」處理進退失據的怨憤、不少業主因金融風暴淪為負資產，又有被減薪裁員「打工仔」，再加上《財政預算案》建議公務員減薪 4.75%，同年 1 月又有財爺被指在調高汽車首次登記稅前偷步買車，經濟不景，對施政不滿的市民全都湧上街抗議。

自由黨跳船

特區政府雖然已即時就條例草案再作三大讓步，但在自由黨主席田北俊突然表示不支持草案，並辭任行會職務後，草案再難以得到過半數立法會議員支持，特區政府宣佈押後恢復二讀，之後更無限期擱置立法。時任保安局局長葉劉淑儀及財政司司長梁錦松其後雙雙獲准呈辭。

民建聯支持 23 條立法

　　當年自由黨在立法會內是最具影響力政黨，在功能組別佔最多議席，沒有自由黨支持，23 條便無法獲得通過，當時民建聯在行會的代表是曾鈺成，我們繼續支持 23 條立法，對自由黨的做法則感到十分失望。

　　由於連串事件爆發，民建聯在 2003 年區議會選舉中失利，民建聯支持 23 條立法，即使有困難都毫不退縮，因為國家安全，人人有責，無國那有家，其他國家都有國安法，香港又是一個國際化都市，難保不會被用作顛覆基地。

杯弓蛇影

然而「一朝被蛇咬，三年怕草繩」，特區政府再也不提，每次一提到 23 條立法，反對派便有很大反響，而特府政府亦面對重重問題，曾蔭權接任特首後着力推行政制改革，梁振英又面對「佔中」和選舉的問題，之後林鄭月娥遇上《逃犯條例》修例風波、「黑暴」事件，不利的信息接踵而來。

中央一直未有就 23 條立法定下時間表，是理解特區工作多，亦面對不同的重大問題，我會形容中央對香港特區十分包容，一直都相信及讓特區政府自行立法，可惜回歸 20 多年仍未成功立法，直至「黑暴」問題出現才被迫出手處理。我希望在《港區國安法》後，香港能由亂到治，由治及興，特區政府要繼續為 23 條立法做好準備，完成立法的憲制責任。

死亡邊緣

在仍未知道傳播的途徑，死亡陰影籠罩之下，無論政府或者公眾都對「嚴重急性呼吸系統綜合症」（SARS「沙士」）所知不多，雖然死亡率高，但傳染性不大，其間我也渡過一次永世難忘的經歷。

當時我是安老事務委員會主席，為免身體較虛弱的長者受到感染，全港老人院舍正實行封閉式管理。在「沙士」

肆虐的日子裏，家人親友都不能探望，長者就形同囚在院舍之中。為了關心和了解長者的需要，我決定連同社會福利署的官員到安老院舍探望長者。

當時我家人都擔心，認為「沙士」感染會死人，不想我冒險。我正值 50 多歲，倒是不太擔心，加上已在疫情後期，長者欠缺人探訪也極度需要人關心，於是與社會福利署的同事挽着一些防疫和消毒物品，便到老人院舍探訪，又與長者傾談，與其中一位長者的一席話，更是感同身受，叫人心酸。

與死神擦身過

「當時，在我踏進一間安老院探訪時，一位年近 80 歲的婆婆，向我們訴說她自己的遭遇：她房間裏包括她在內原本住了四名長者，其中三人先後因感染「沙士」而去世，僅剩下她一個人仍生存，被困在房間裏，既擔心，又傷心⋯⋯院舍方面因不確定她是否已經受到感染，還需要進一步將她單獨隔離起來。」

面對那樣處境的一位婆婆，相信任何人都會為之動容，也許是心情太激動，一時語塞，我只記得自己當時僅能夠對婆婆講一些安慰及鼓勵的説話，讚揚婆婆的勇氣。值得慶幸的是，該位婆婆後來被證實並沒有受到感染。

之後我也探訪過很多其他院舍，發現院舍的環境和條件很差，其後在「嚴重急性呼吸系統綜合症專家委員會」成立之後，我也繼續提出改善長者院舍的措施。

第十三章
政改之一：功敗垂成

2005 年 12 月 20 日向政府遞交 78 萬支持政改的市民簽名

爭取「雙普選」，即行政長官及立法會議員都由普選產生，向來是反對派高叫的口號，但《基本法》早已列明，要按香港特區實際情況，以循序漸進方式達致雙普選，因此一步到位，並非《基本法》的原意。

起草《基本法》時，在處理行政長官及立法會選舉的爭議最多，於是當年沒有規定 10 年之後的選舉方法，打算在香港特區成立 10 年之後才處理，如有需要作出改變，便可以進行修訂。2007 年行政長官選舉及 2008 年立法會選舉，便成為特區成立十年後要面對解決的課題。

雙普選「落閘」

2004 年 4 月 6 日全國人大常委會通過，可以修改 2007 年第三屆行政長官及 2008 年第四屆立法會的具體產生辦法，等了 10 年的反對派自然充滿期待，認為是普選特首及立法會的時機。不過，他們的期望很快便落空。

同年 4 月 26 日，全國人大常委亦為 2007 年及 2008 年雙普選「落閘」，表明「目前香港社會各界對於 2007 年以後行政長官和立法會的產生辦法如何確定仍存在較大分歧，尚未形成廣泛共識」，仍未具備雙普選的條件。

為免引起不必要的揣測，及不斷提高反對派的期望，當年人大常委很快便決定不實行雙普選，但 2007 年及 2008 年行政長官及立法會的選舉辦法依然可以按照《基本法》作

2004 年 1 月 18 日出席由香港大學、香港電台和有線電視舉辦的「2007 政制研討會」

出修改。

　　2005 年 1 月，特區政府成立政制發展專責小組，開始就兩項選舉進行諮詢，民建聯亦邀請不同的政商界人士出席「對話未來」座談會，包括馮國經、梁振英、葉國華、許仕仁及陳啟宗等，就香港的長遠發展和政制安排等交換意見。

改變初衷

　　民建聯在同年 5 月就政制發展專責小組第四號報告書

提交意見，建議擴大選委會至 1,600 人，立法會功能組別增加中醫界、婦女界、輔助專業界及地產代理界等。到了 10 月政府提出第五號報告書，同意把行政長官選舉委員會由 800 人增加一倍到 1,600 人，並納入所有 529 名區議員為選委；新增 10 名立法會議員至 70 人，其中分區直選增 5 席，另外，區議會功能界別議席由 1 席增至 6 席，由區議員互選產生。及後為了爭取反對派支持，更為取消區議會委任議席設立時間表，在 2008 年 1 月新一屆區議會委任議席的人數上限由現時的 102 人減至 68 人，直至 2016 年取消委任區議員。

民建聯內部對這個被傳媒稱為「區議會方案」並不認同，認為沒有理由區議員的份量可以等同立法會議員，而且當時立法會只有 60 名議員，而區議員有 500 多人，比重完全傾斜到區議員身上，加上當年區議員仍以反對派佔較大比例，方案明顯對這批反對派更有利。

然而考慮到方案是特區政府提出的，似是一個妥協方案，令香港的政制安排可以向前推進，也符合社會的期望，於是改變初衷，無奈地支持。

2005 年 10 月，立法會成立了「研究政府當局就 2007 年行政長官及 2008 年立法會產生辦法提出的建議小組委員會」，我當選為小組委員會主席。小組委員會曾舉行九次會議，討論政府當局就修改 2007 年行政長官及 2008 年立法會產生辦法的建議方案、兩項擬向立法會提交有關修改兩

個產生辦法的議案（草擬本）及其他相關事宜。小組委員會接見了三十多個團體及人士，會上意見相左、針鋒相對的情況時有發生。

意見分歧

在我代表小組委員會向立法會提交的報告，反映了當時的兩極化意見，「小組委員會對建議方案的立場是分歧的。部分委員認為方案並不是一個進步的方案，不會令香港更接近普選行政長官及立法會的最終目標。另一部分的委員認為方案不單擴闊選舉制度的民主成分，更可推動香港的政制循序漸進地邁向普選的最終目標。」

「小組委員會曾詳細討論若干原則問題。部分委員認為，由於全國人民代表大會常務委員會在 2004 年 4 月 26 日所作的決定只否決了在 2007 年及 2008 年兩個選舉中實行普選，香港特別行政區政府及行政長官有責任向中央爭取訂立普選時間表。他們並表明沒有時間表，便不會支持建議方案。另有部分委員認為，普選時間表並非立法會通過 2007 及 08 年兩個產生辦法的先決條件，兩件事應分開處理。」

反對派自然不會輕言放棄，於是在 2005 年 12 月初發起反對政改方案的遊行，並稱有 25 萬人參加，警方則估計有 6.3 萬人參與。他們要求政府提出普選時間表，揚言綑綁

2005 年 12 月 15 日，時任特首曾蔭權到大聯盟街站支持簽名運動

投票，反對政府就修改建議向立法會提出的兩項議案，而民建聯和工聯會等 11 個團體則組成「關注政改大聯盟」，舉行支持政改方案簽名運動，並取得 78 萬名市民簽名。

就在立法會表決政改五號報告書方案的前一個星期，時任行政長官曾蔭權聯同多名主要官員罕有地走到街頭，支持簽名運動，呼籲市民及立法會議員支持方案，出席的官員還包括財政司司長唐英年和律政司司長黃仁龍在內的香港政府主要官員和行政會議成員。

第二、三梯隊可上位

我也不時在不同的研討會、論壇，甚至撰文反駁反對派的做法，爭取市民支持。記得有一次我向同場參與研討會的民主黨李永達表示，很同情民主黨被欺壓的第二、第三梯隊，他們等了二三十年仍在等「上位」：「如果方案通過的話，『民主派』可能會取得四席，既可幫到後面的兄弟，又可以幫埋自己，可惜民主黨大佬文化很犀利，一開聲『乜你咁蠢，咁都要』，就要立即收聲。」

我當時更奉勸民主黨「先食吓呢個方案，下次佢（李永達）一定可以有機會選特首，最起碼可以成功取得候選人資格；選唔選到就另一回事啦⋯⋯食吓又唔會肚痛，好處已經睇到，亦好合理」。

三贏方案

2005 年 12 月 21 日立法會表決行政長官和立法會產生方法的修訂案時，我不單指出反對派的綑綁式投反對票的問題，更說明支持民主是廣大市民的共同願望，通過議案，「反對派政黨將因此可能贏得廣大市民的支持，贏得中央的信任，民主事業將會因為實力的增強而得以進一步發揚光大」。

反對派向來堅持政府要尊重民意，但當民意支持政府

2005 年 12 月 21 日與民建聯成員到立法會請願要求支持政改方案（左六）

提的政改方案時，他們卻不屑一顧：「香港中文大學亞太研究所在 12 月 9 日公佈民調，顯示遊行後支持政改方案的市民有 49.9%，反對的有 28.9%；香港大學民意網站在上星期三也公佈民調，結果亦相若，支持政改方案的市民佔 43%，反對的佔 16%。兩間學術機構所做的民調均顯示支持政改方案的民意皆佔五成，倍多於反對方案的市民，贊成政改方案的市民穩定地佔大多數。」

「更重要的是，中大的調查顯示出 56.3% 的市民反對因為沒有普選時間表而否決政改方案，港大的調查也顯示出 47% 的市民反對否決政府的政改方案。民意清晰、直接地

叫反對派議員不要否決政改方案……抱着這種漠視民意、自行其事，為反對而反對的態度，泛民主派最終只會變成反民主派。」

6 票難求

在強大的民意支持下，政府極力游說反對派，希望從中「撬」走 6 票，扣除主席慣性不投票，建制派有 34 票，這樣足以令政改方案可以獲三分之二的立法會議員支持，得以通過。直至表決當日，政府都沒有放棄，當時坊間傳出的六人目標名單，分別是劉千石、馮檢基、鄭經翰、梁耀忠、李國麟和譚香文。

當年傳媒報道曾蔭權前一晚深夜仍在禮賓府「密會」幾名反對派議員，盡力「箍票」。民建聯收到的信息，是所有人都要作好準備，在政改議案辯論中發言，讓政府有充分時間進行最後關頭的拉票，直至政府取得足夠票數，便停止發言，立即表決。

我們的議員聽聞，在辯論進行期間，曾蔭權一直留在立法會大樓對面的香港會所，逐一約見「撬票」對象，爭取對方投支持票。被指會「轉軚」支持政改方案的反對派議員，亦受到反對派的強勁壓力，以「人盯人」策略，分工纏着幾個「動搖」份子，不斷提醒要投反對票。譚香文更成為重點被「盯」的人物，在議會前廳，只見公民黨余若薇一直守

在譚香文旁邊，不時竊竊私語，其他目標人物經常不見踪影，只有梁耀忠大半天蜷縮在前廳沙發上，不發一言，愁眉深鎖。

當年有指六名目標議員都只願做「第六票」，即要確定五人都同意支持，才會把自己關鍵的最後一票投給政府，結果在譚香文發言，明確表示投反對票後，政府的「撬票」計劃全盤失敗。

不論是行政長官或者立法會產生辦法的修訂案，都同樣在 34 人贊成、24 人反對、1 人棄權下，遭到否決，而棄權的則是被視為反對派的劉千石。

搬石頭砸自己隻腳

今次功敗垂成，我認為是反對派「搬石頭砸自己隻腳」，並隨即撰文表示，導致今次政改原地踏步，市民一無所得，反對派議員必須就這種倒行逆施，向市民作出交代，對阻礙民主進程的嚴重後果承擔歷史責任。

「政務司司長許仕仁在十一月份諮詢十八區區議員對五號政改報告書的意見，諮詢結果顯示，有十六個區議會支持政改方案，其中十四個區議會以通過議案形式支持；發言支持五號政改報告書，更以民選議員為主，而民選議員，是超過三百萬選民選出來的。」

「這一方案，實質上已大大增加了民主成分和直選因

素，當初連反對派議員自己也與人打賭說，不相信中央會接納如此民主化的方案，但後來方案果真如此，而且日前還順應市民意見再加調整，逐步取消區議會委任議席，進一步加快了民主步伐。但即使是這樣的方案，他們就是要反，而且用『綑綁』的『絕招』加以反對，這樣的漠視民意，這樣的開民主倒車，究竟是為什麼？號稱『民主派』的反對派議員們，一定要給市民一個明白的交代。」

「反對派這一惡劣做法，也是損香港人而不利己的。其一，是反對派議員在自砸『民主招牌』，自撕民主假面具，暴露出其為反而反，別有用心，市民還會進一步質疑：背後是否有什麼見不得人的後台？其二，是自我堵塞與中央政府溝通之途。其三，是自我收窄活動空間，這一側重於擴大區議會功能的方案流產，令反對派大大收窄發展空間，並限制了其二、三線人物問政上位的機會，必然加劇其內部的分裂。」

誰之過？

我明白當時提出的政改方案對民建聯不利，但由於社會希望政制可以向前推進，最終民建聯亦決定支持政府。相反，對反對派極有利的方案，反對派議員卻背棄民意，令政改方案胎死腹中，令香港的民主進程遭受挫折，政制原地踏步：2007年，特首選舉委員會將仍是800人，得不到擴

大，500 位區議員不得其門而入；2008 年，立法會選舉仍是 60 席，直選、功能各增 5 席的好夢成空，一切原封不動。這個責任，應由誰承擔？

沉默是金遇上程咬金

向來滔滔不絕的反對派，在行政長官選舉辦法修訂的辯論時，一反常態，完全不用盡 15 分鐘的發言時間，而且 20 多名反對派議員，只有一名議員譚香文發言，說穿了，當時就是怕綑綁乏力，夜長夢多，希望早早表決，早早了事。

沉默是金

我在修訂案發言時便指出：「今天出現了一項很不尋常的辯論，上演了一幕『沉默是金』，一反常態。過往慷慨陳辭的卿姐（劉慧卿），還有民主黨的同事和四十五條關注組的同事均一言不發。有些傳媒朋友問我為何會這樣，叫我解讀一下。他們問我究竟發生了什麼事，他們猜想不到會有如此的現象，因為事前媒界得知他們每人也會用盡 15 分鐘發言。」

「我反覆思量，原因可能有三個：第一，他們自己也說到厭倦。因為在過去三星期，『每週一講』也是談論政改問題的。第二，可能是他們希望加快表決，加快了結，再拖

支持政改方案的團體進行請願

下去也沒有好處。一則是理屈辭窮，再者是矛盾重重，再說下去便沒有人相信了。第三，可能是綑綁乏力，怕夜長夢多、怕分化，愈早解決便愈好。當然，傳媒朋友也會認為我這些分析不太新鮮，因為這是人人也可猜透的事。可是，由於反對議員沉默，表決的時刻便很快到。其實，要不是我突然殺出，表決差點也便開始了。」

綑綁策略

半路殺出我這個程咬金，說來話長，當年特區政府相信，只要拉攏及鞏固欠缺的六票，便可以有足夠三分之二的票數支持，令政改方案得到通過。反對派為免夜長夢多，自然希望以綑綁方式，盡快表決，以免有人轉軚。在最後階段，特區政府則希望建制派議員能盡量拖延時間，以爭取這重要的六票。

可惜到最後階段，臨門一腳，依然未能取得足夠的六票，而 2007 年及 2008 年特首和立法會選舉的政改方案，也就此壽終正寢。

第十四章
政改之二：
成功「起錨」

2010 年 6 月 19 日，曾蔭權（前排左二）率領官員參加「政制向前走大聯盟」發起的「為普選、撐政改」集會遊行

2005 年第一次政改，反對派以沒有政改時間表，以綑綁式策略反對政制改革，令香港政制發展原地踏步。2009 年特區政府啟動第二次政改，中央表達可以在 2017 年普選行政長官，隨後普選立法會。今次反對派又提出要有路線圖，幸好反對派綑綁失敗，政改終於成功「起錨」。

2017 普選特首

　　早在重啟 2012 年行政長官及立法會產生方法的政改諮詢之前，於 2007 年 12 月 29 日第十屆全國人民代表大會常務委員會第三十一次會議通過，2012 年行政長官及立法會產生辦法的選舉，不實行由普選產生的辦法；不過，2017 年香港特別行政區第五任行政長官的選舉，可以實行由普選產生的辦法；在行政長官由普選產生以後，香港特別行政區立法會的選舉可以實行全部議員由普選產生的辦法。

　　猶記得在擔任草委的時候，因為社會上對普選時間表有分歧，認為要待特區成立十年後再處理，十年很快過去，為免公眾誤解十年後便可以普選，於是人大常委在 2004 年初便宣佈，2007 年及 2008 年的特首和立法會選舉可以修改，但不能普選。中央也認真考慮香港的實際情況和港人的意見，決定回歸二十年後是合適的時間，便定出 2017 年可以普選行政長官的時間表。

2020 普選立法會

既然行政長官可以普選，之後在 2020 年的立法會選舉，自然也可以以普選的方式進行。當時大家的重點是行政長官普選，而立法會是否取消功能組別，是分階段還是一次過取消，也沒有仔細討論。既然行政長官普選先行，只要按《基本法》，有提名委員會把關，先去蕪存菁，之後普選，應無問題。

2010 年 4 月 14 日政府發表《2012 年行政長官及立法會產生辦法建議方案》，與 2005 年遭否決的方案十分相似，行政長官選舉委員會由 800 人增至 1,200 人，不少於八分之一，即 150 人提名，方可成為候選人；立法會則增加 10 個議席至 70 席，5 席由分區直選產生，5 席由區議會功能組別產生，連同之前一席區議會功能組別，6 個議席都透過民選議員互選產生。

民建聯很積極配合，與多個愛國人士和團體聯合組成「政制向前走大聯盟」（大聯盟），爭取支持。要知道建制派一直以來，在政制改革上都處於下風，說什麼也容易被歪曲，難得有了普選特首的時間表，反對派愈拖延，我們便要爭取民意，「食住先」，令到普選行政長官可以先行。當普選行政長官在 2017 年落實，立法會普選最快便可以在 2020 年舉行，今次我們便站在道德高地，是反攻反對派的最佳時機。

過 100 萬簽名撐政改

　　大聯盟發起「政改向前走，民主步伐不停留」簽名運動，民建聯全力配合，在全港 18 區呼籲市民支持，宣傳海報說明 2017 年普選行政長官，2020 年普選立法會議員，整個運動取得 113 萬個街頭簽名和 47 萬個網上簽名，遠較 2005 年「關注政改大聯盟」的 78 萬個簽名為多。

　　相對建制派的支持，在特區政府推出政改建議方案當日，反對派所有議員揚言會投下反對票。我當時便指出，上次他們說沒有普選時間表，這次則說沒有普選路線圖，即如

向政府提交 113 萬個支持政改向前走的市民簽名（後排右二）

2010 年 1 月在全港 18 區街頭呼籲市民支持「政制向前走，民主步伐不停留」簽名運動

何處理功能界別，如何邁向普選。不過，我亦沒有放棄爭取他們支持，希望他們「食住先」，接受今次的方案：「與其要即刻寫條 10 年後的菜單，還不如『食住先』，先食了，再去繼續談之後的方案。」

我還為反對派盤算：「立法會多了 10 席，可讓二、三梯隊的機會多了許多，亦可嘗試區議會互選。同時，大家互信多了，亦有更多時間討論功能界別的問題，討論起來亦可能會較容易。」

五區公投

不過，反對派那會輕易放棄，對沒有普選路線圖，社民連和公民黨決定策劃「五區總辭，變相公投」，但可能考慮到辭職影響政黨的收入，參選又涉及更多的開支，加上社會上對公投不太熱衷，結果今次的綑綁並不成功，民主黨、民協、職工盟、社總、街工等都不支持，而且另起爐灶，成立「終極普選聯盟」（普選聯），要求要有政改路線圖，並於 2020 年取消所有功能組別議席。

2005 年政改失敗是建制派只有 34 票，無法取得終極的 6 票，達到要通過方案的三分之二的支持，加上要確保 6 名獨立的溫和反對派議員一齊支持方案，扭轉形勢，「箍票」甚有難度，因為一定會聚焦到這幾個人身上，壓力甚大。經過 2008 年立法會選舉之後，建制派成績再進一步，今次政

2010 年 1 月 27 日到立法會請願，反對總辭公投，浪費公帑（左三）

改只要多 4 票，便足夠取得三分之二的支持。

與其逐一「撬」4 票，帶來不穩定因素，特區政府向沒有支持「五區公投」的民主黨入手，民主黨當時在立法會擁有 9 個議席，只要得到他們支持，一定可以令政改方案獲得通過。

民主黨的第一次

歷史性的轉變來自 2010 年 5 月 24 日,民主黨主席及副主席何俊仁、劉慧卿和核心成員張文光第一次走進中聯辦大樓,與中聯辦副主任李剛見面。當時有指民主黨提出要求立法會普選,即時要取消所有功能組別議席,又建議「一人兩票」的超級區議會方案,即新增 5 個區議會議席,連同原來的一席,6 席均由民選區議員提名,在傳統功能組別沒有投票權的選民,則可以透過一人一票,投票選出這個功能組別的議席。這個方法,即時被指為變相直選,並不可行。

「起錨」

在四日之後,時任特首曾蔭權發起「起錨」行動,與一眾問責官員在全港各地舉行花車遊行,宣傳政改方案,希望以民意爭取溫和反對派的支持。6 月 7 日,政府向立法會提交 2012 年特首和立法會產生辦法的政改決議案,並於 6 月 23 日在立法會進行辯論和表決。

在表決之前,「政制向前走大聯盟」主辦「為普選、撐政改」集會遊行,在 6 月 19 日維園六個足球場站滿參加者,大聯盟宣佈有 12 萬人參與。曾蔭權也在集會上發言,表明政改是他參與公務 40 多年最重要及最有意義的工作,他將克盡己任,爭取通過 2012 年方案。

2010 年 5 月 25 日《文匯報》

2010 年 6 月 19 日，曾蔭權（左二）率領官員參加「政制向前走大聯盟」發起的「為普選、撐政改」集會遊行

超區方案獲接受

　　「政治一日都嫌長」，大家都以為無法爭取足夠票數通過政改之際，6 月 20 日中聯辦通知民主黨，認為超級區議會方案符合全國人大常委會相關決定，細節由特區政府本地立法會自行處理，翌日行政會議也通過相關方案。

　　特區政府同意的政改改良方案版本，是原有區議會功能組別議席，由民選區議員互選產生，新增五席的超級區議會，則由在功能組別無票的選民，以一人一票方式選出。

政改方案即時進入大直路，有望獲得通過。為何如此峰迴路轉，民主黨願意讓步，中央又可以接受呢？我認為，民主黨大佬司徒華一貫主張鬥爭要有理、有利、有節，2005 年政改方案被否決，一事無成，所謂的泛民主派也變為特區政府和中央的反對派，認為反對派什麼也要反對一番。今次政改方案獲民意支持，社會輿論也希望能通過，因此民主黨內部以司徒華為首接受「食住先」。

逼宮？

在民主黨願意讓步，不要求立法會實施普選時，即時取消所有功能組別議席，中央當然也在盤算，2012 年雖然沒有普選，但承諾到 2017 年可以普選行政長官，要做到循序漸進，2012 年便應該有點轉變。不過，坊間也有流傳，曾蔭權「逼宮」，政改不通過便辭職不幹，才會有這突然的改變。

現在當然無從稽考，但曾蔭權競逐連任時曾承諾，任內公佈「有設計、路線圖、時間表在內的普選方案」，並「要大家一齊玩鋪勁」及「徹底解決普選問題」，卻是不爭的事實。

為和諧接受超區

　　民建聯最初不願意接受民主黨超級區議會方案，認為可能與《基本法》有牴觸，但中央認為一人兩票超區方案，並沒有牴觸《基本法》，在比例代表制之下，反對派與建制派依然是 6：4 之比，建制派仍可穩奪兩席，而對社會和諧減少爭拗也有好處，便接受此方案。

　　在 6 月 25 日立法會表決政改方案的辯論上，我這麼說：「如果這項建議符合人大常委的有關規定，而這個改變又能讓政改方案得以通過，使香港政制能夠向前走，民建聯願意給予支持，因為我們完全明白香港市民對政制再原地踏步感到十分不滿。」

2010 年 6 月 8 日曾蔭權（右四）第三次到民建聯總部，與民建聯中委談政改方案

妥協的藝術

「當然，一些媒體有時候會大字標題指民建聯『轉軚』，說民主黨『轉軚』或建制議員『轉軚』。可是，如果我們的民主沒有包容和妥協，而大家只堅持自己的意見，站在道德高地上說出一些很理論性和動聽的言辭，這對於政制發展是沒有幫助的。因此，如果大家能夠作出改變而達致妥協的話，這對未來政制的整體發展是有利的，這樣才能使今次的政改方案有望獲得通過。民建聯認為政改方案獲得通過後，香港將會邁向普選的新里程，進一步為 2017 年及 2020 年普選鋪路。」

往日民主黨副主席劉慧卿（卿姐）經常遭建制派及其支持者批評，不過，今次政改卻一反常態，由於民主黨的支持，卿姐步入立法會大樓前，破天荒得到建制派團體的歡呼迎接，雙方更和氣握手，實在難得一見。

最終政改在 46 人贊成，13 人反對，超過全體議員三分之二支持下通過。今次在建制派和民主黨及一些溫和反對派聯手下，政改方案成功「起錨」。原本以為大家可以加強合作，減少爭拗，但不久在第三輪政改啟動下，這個美夢很快便結束。

擊倒五區公投

　　有了時間表，可以在 2017 年普選行政長官，之後立法會也可以由普選產生，但是反對派仍未滿足，社民連和公民黨提出「五區總辭，變相公投」，要求 2012 年即時落實行政長官及立法會選舉的雙普選，以及全面取消功能組別。

　　《基本法》清楚說明，無論是行政長官或立法會選舉，都要按香港實際情況，以循序漸進原則，推動普選。中央已承諾 2017 年可以普選行政長官，之後便是立法會，但社民連和公民黨卻一定要一步到位，而且後來更把變相公投，改為「五區公投運動」，還以「全民起義」作為宣傳口號。

綑綁失敗

　　今次五區公投並未得到民主黨、民協、職工盟和街工等支持，2010 年初社民連及公民黨公佈「五區公投運動」計劃，兩黨五名議員於 2010 年 1 月 26 日向立法會遞交辭職信，民建聯即時發表聲明，譴責他們罔顧香港社會整體利益，違背主流民意，而且浪費逾一億元的公帑。

　　社民連及公民黨計劃在 1 月 27 日於立法會會議上宣佈辭職，為免他們借機用議事堂宣傳公投，我與其他建制派商量，如何阻止他們在立法會上發言。大家都同意，流

會是可行的方法，於是便策劃了一場「封殺」行動。

當日社民連黃毓民正準備作為第一個議員就辭職發表宣言之際，我舉手發言：「對於有五位議員以辭職來進行『公投』、『起義』，利用立法會會議作宣傳，我們感到非常不滿。我們現在離場抗議。」

封殺

在一眾建制派議員離場之後，留下民建聯議員陳鑑林要求點算法定人數，由於法定人數不足，只能休會收場，五名做騷的辭職議員都無法在議事堂上表演。

本來建制派都摩拳擦掌，要與五名再參選的反對派議員一決高下，但社會上對公投並不太認同，而社民連及公民黨也志在「玩嘢」，如果建制派不參選，整體社會便沒有選舉氣氛，也沒有必要為他們「抬轎」，谷高投票率，於是經過各建制派商量下，決定不參與補選。

最後雖然社民連和公民黨五人在補選中，全數成功重返立法會，但投票率只有 17.1%，創歷史新低。民建聯發出聲明，指出今次補選不投票的選民佔大多數，凸顯補選沒有意義，而且浪費公帑，並促請特區政府盡快修例，防止有人辭職後又再參選這種浪費公帑的行為。五區公投就此慘淡收場。

公投失敗　訪滬成功

　　全體立法會議員到內地考察並不容易，不是中央或地方政府不歡迎，而是每次激進反對派總是「玩嘢」，使行程受到不必要的干擾，甚至不歡而散，今次難得三名社民連滋事份子因為參加五區公投而呈辭，便促成了立法會議員到上海世界博覽會考察。

　　考察團剛好定於 2010 年 5 月 8 日至 10 日，是補選投票前一個星期。今次除了參觀世博的香港館之外，也有了解內地高鐵的發展，訪問團乘坐高鐵到武漢時，有專家沿

立法會訪問團於 2010 年參觀上海世博（圖片來源：文匯網）

途介紹高鐵的技術發展趨勢和國家建設高鐵的情況。

儘管有反對派議員認為，訪滬行程應待補選過後才成行，但大家都明白，搞事份子不在議員之列，讓內地省市安心安排今次訪問行程。結果有 42 名議員參加，包括 8 名反對派議員，但沒有任何公民黨議員參加，有指是他們要留港助選。

今次訪問團行程雖短，但正如立法會的報告所指出：「訪問團認為，這次上海世博之行，既達到監察政府參與世博的公帑運用的目的，同時又了解到各國在推廣低碳生活模式、環保節能方面的成功經驗，以及未來城市發展的方向，故此認為是次考察深具啟發作用，取得豐碩的成果。」今次沒有任何示威請願抗議行動，是一次難得無風無浪的考察活動。

第十五章
政改之三：
失落普選誰之過

違法「佔領中環」（佔中）行動

滿心以為 2017 年便可以普選行政長官，但由 2013 年醞釀的違法「佔領中環」（佔中）行動，徒添不少變數，即使中央政府希望可以落實普選方案，願意與反對派溝通，積極爭取支持，但經「佔中」一役，反對派更加「企硬」，沒有人願意為爭取普選讓半步，沒有普選到底是誰之過？

《基本法》普選先鋒

很多人至今仍然認為，中央無意落實普選，但作為前《基本法》草委，我必須指出，香港《基本法》比《中英聯合聲明》更積極推動普選，因為《聯合聲明》只提及特首由「選舉或協商產生」，從未有提及「普選」兩個字，但當時中央卻把「普選」寫入《基本法》，以回應當時港人對民主的訴求，也反映中央是真心實意希望香港能實現普選，由選舉或協商到普選，確實是一大變化。

當時草委沒有明確何時實行特首普選，也沒有硬性規定何時做到，但提出了實行普選的幾個條件，首先是按實際情況和循序漸進的原則規定，設立一個有廣泛代表性的提名委員會進行提名，就是要避免中央不任命經選舉產生的特首人選，以免香港出現憲制危機。

特首任期每五年為一屆，所以每次換屆之前，特區政府都由特首領導，啟動政改諮詢。不過，2012 年特首換屆後，則由人大常委會會議提出普選方案。2013 年初香港大學法

律系副教授戴耀廷撰文表示，要爭取香港落實真普選，要準備「殺傷力」更大的武器，鼓吹要發起「佔領中環」。

就在連串事件之下，再加上各界已紛紛提出不同的行政長官選舉方案，反對派強烈要求有「公民」和「政黨」提名等元素。立法會所有建制派議員包括我在內，於同年3月24日獲邀到深圳，與人大法制工作委員會主任委員喬曉陽和中央駐香港特別行政區聯絡辦公室主任張曉明舉行座談會。

堅定不移普選特首

喬曉陽當時就普選行政長官，提出了三點「堅定不移」，包括落實2017年普選的立場堅定不移，絕無拖延；行政長官人選必須「愛國愛港」，底線是特首不能與中央對抗；普選必須符合《基本法》和全國人大常委會決定，即提名委員會將按選舉委員會組成，但人數可以有改變。

反對派自然對此不滿，繼續以「假普選」和「真篩選」等批評喬曉陽為普選行政長官定調。不過，中央並沒有放棄爭取2017年普選行政長官，於2013年7月中，中聯辦主任張曉明、副主任王志民及一眾中聯辦官員，破天荒到立法會參與由主席曾鈺成主持的午宴，並提出三點希望，先是加強與立法會議員真誠溝通、願意協助立法會組團到內地參觀和考察，最後是願意與香港各界人士一同努力實現普選。

篩出稗子

反對派亦爭取向張曉明送禮，還記得當時民協馮檢基送上「筲箕」，諷刺有篩選，反應快的張曉明就在談及普選時作出回應：「有議員剛才送我一個篩子，廣東話叫筲箕。篩子何罪之有？我們祖先發明出篩子，那是一種智慧。不然，怎麼能從一大堆稻穀中挑選出優良品種，淘汰掉稗子呢？」

時任行政長官梁振英在同年 10 月 17 日，宣佈成立政改諮詢專責小組（政改三人組），由政務司司長林鄭月娥、律政司司長袁國強和政制及內地事務局局長譚志源三人組成，準備進行政改諮詢。12 月 4 日，正式宣佈就 2016 年立法會選舉和 2017 年行政長官產生辦法展開諮詢，為期五個月。

當時各界反應踴躍，反對派以提出「公民提名」、「政黨提名」為主，認為沒有這些提名，便是「假普選」。對於公民或政黨提名的要求，我公開明確地表示，在《基本法》起草期間，從未有人提及，而且在《基本法》頒佈時，社會反應十分正面，反對派中人也讚好，當時《基本法》第 45 條已列明：「行政長官的產生辦法根據香港特別行政區的實際情況和循序漸進的原則而規定，最終達至由一個有廣泛代表性的提名委員會按民主程序提名後普選產生的目標。」「公民提名」不是《基本法》內的要求，任何形式的「公民提名」，都不能代替提名委員會的功能。

2014 年 1 月 3 日民建聯政改專責小組，邀請時任政務司司長林鄭月娥、律政司司長袁國強和政制及內地事務局副局長劉江華到總部交流（左二）

2014 年 4 月 22 日舉行記者會，發表對 2017 年行政長官選舉方案的建議（中）

2014 年 4 月 25 日向時任政務司司長林鄭月娥提交普選特首建議

提委會不作橡皮圖章

我當時便指出，如果有人認為「公民提名」或「政黨提名」後，提名委員會就要接受，變成代替提名委員會，令它變為某些報章形容的橡皮圖章，我覺得明顯跟《基本法》第 45 條不相符。

為免問題一直發酵下去，中央港澳工作協調小組組長、人大委員長張德江於 2014 年 3 月 6 日，便在港區全國人大代表小組會議上指出，普選行政長官關係到香港長期繁榮穩定、國家主權、安全和發展利益。中央對香港的政改，持「一個立場，三個符合」，即堅定不移支持香港循序漸進，發展民主的立場不變，普選特首要符合本港實際情況、

《基本法》及人大常委會規定，行政長官要符合「愛國愛港」標準。

修改行政長官及立法會產生辦法，要完成五個步驟，簡稱為「五部曲」，即中央、行政長官、特區政府、立法會以至社會各界，都必須嚴格依法處理政制發展。民建聯當年已預計，今次政改一如以往，會引起激烈的爭議，於是自行成立政改專責小組，負責跟進諮詢及收集市民意見，推動普選特首，又在全港18區舉行「18區政改諮詢座談會」。

逾六成反「佔中」

當違法「佔中」之舉愈叫愈響亮之際，民建聯也有進行民調了解，兩次民調分別顯示，六成二及六成六的受訪者不支持以「佔中」的行動爭取普選。我在3月全國政協港澳聯組會上發言時更指出，反對派所謂的「佔中」行動，對特區政府開展政制發展諮詢的工作非常不利。

中央一直沒有放棄爭取與反對派對話，爭取通過普選行政長官。在2014年4月中央邀請全體立法會議員到上海考察，並由時任港澳辦主任王光亞和基本法委員會主任李飛，與一眾議員談論政改問題。反對派要求除非中央官員承諾與他們單獨會面，否則不會參加，及後中央官員亦答應要求。王光亞呼籲議員要「放下一己之見，求大同、存大異」，為香港的民主發展和市民福祉做出應有的承擔。

積極響應為期一個月的「保普選反佔中」街頭簽名

　　為了和平理性地發展和推動民主，多個愛國團體於 7 月 3 日發起「保普選反佔中大聯盟」，讓市民有一個發聲的平台，並且進行為期一個月的「保普選反佔中」街頭及網上簽名運動，民建聯更大力支持「反佔中，撐普選」，在全港各區收集簽名，結果合共收到 150 萬人簽名。

　　中央對落實普選行政長官的誠意一直沒有減少，在行政長官梁振英向全國人大常委會委員長張德江和負責港澳事務的中央官員匯報政改報告後，張德江再次表達，中央真誠希望 2017 年香港如期依法落實行政長官普選，並希望各界人士在《基本法》和全國人大常委會決定的基礎上，理性討論，凝聚共識。

「8.31」框架

不過，先有 2014 年 6.22 公投、後有 7.1 遊行預演違法「佔中」，結果，在未有「佔中」之前，8 月 31 日第十二屆全國人民代表大會常務委員會第十次會議通過「8.31 框架」，為公民和政黨提名「落閘」，規定提名委員會產生辦法須按照第四任行政長官選舉委員會的人數、構成和委員產生辦法，提名委員會由 1,200 人組成，行政長官參選人要獲得過半數提委會委員支持，才可以成為候選人，候選人人數限在兩至三名內；立法會產生辦法則維持 2012 年方式不變。

在「8.31 框架」之後，情況就更加惡劣。27 名反對派議員已有 25 人聯署，表明會在立法會否決政改方案，並會全力支持「佔中」。要取得 47 票，即三分之二立法會內大多數人的支持，實在談何容易。

「佔中」失控

「8.31 框架」變成了違法「佔中」的導火線，並終於在 2014 年 9 月 26 日爆發，而且一發不可收拾。原先學生只是打算罷課，要求實施「真普選」，但卻演變成衝入政府總部東翼迴旋處，佔領「公民廣場」。突如其來的佔領，令違法「佔中」發起人港大學者戴耀廷、中大學者陳健民及支聯會常委朱耀明牧師，順勢在兩日後凌晨宣佈「佔領中環」正式

2014 年 10 月 12 日民建聯以「迎難而上」為題舉行路向營

啟動，後來更蔓延至金鐘、中環、灣仔、銅鑼灣、旺角等
地區，令交通癱瘓，商舖無法營運。

在違法「佔中」期間，民建聯在深圳舉行以「迎難而上」
為主題的路向營，評估未來政治形勢。我在總結時，呼籲成
員要團結一致，緊守崗位，不斷提升水平，迎難而上。我也
希望繼續收集市民意見，包括進行問卷調查，加強與青年的
溝通，促進各界理性和平解決問題。最終，「佔中」在法院
頒發禁制令下，由警方負責清場，79 日之後才結束。

原則不能讓

政改一定要按照《基本法》的規定，不可能讓反對派不斷叫價，要求中央不斷遷就，必定要堅守原則。之前反對派要求有時間表，要取消委任區議員議席，要擴大功能組別選民基礎，中央都逐一答應，但漠視《基本法》中的提名委員會，加插公民或政黨提名，架空提委會，這個原則性問題又怎能讓步？

普選行政長官，按照《基本法》，亦要由中央任命，若中央不任命，便會產生憲制危機，所以在起草《基本法》時，便把選舉委員會轉為提名委員會，經過提委會選出合適數

2015 年 3 月就第二輪政改諮詢約見時任政務司司長林鄭月娥

名人選，再由市民一人一票選出行政長官，這樣便可減低中央不任命的風險，中央這個「保險掣」，對保障國家主權、安全是非常重要，必不可少。

政府於 2015 年 4 月 22 日發表《行政長官普選辦法公眾諮詢報告及方案》，提名委員會（提委會）由 1,200 人，按照當時選舉委員會四大界別共 38 個界別分組組成。提名程序分為「委員會推薦」和「委員會提名」兩階段。「委員會推薦」階段，要獲得 120 名提委會委員推薦，即可成為行政長官參選人。每名委員只可推薦一名參選人，而每位參選人獲推薦上限數目為 240 人。「委員會提名」階段，提委會以不記名方式投票提名兩至三位行政長官候選人，獲最高票數的兩至三人可成為候選人，之後由全港合資格選民以一人一票選出行政長官，得票最多的便當選。

過半數支持通過政改

事實上不少市民都支持普選行政長官，民建聯也先後舉行了五次民意調查，收集市民意見。在 2015 年 2 月至 5 月分別進行的三次民調發現，約六成一至六成二受訪者認為立法會應該通過方案，令 2017 年可以一人一票普選特首；假若否決方案，則有六成至六成四受訪者對香港能否於 2017 年之後落實普選感到悲觀。

即使由中大、港大、理大於 5 月 14 日至 18 日進行的

2015 年 5 月，「保普選反暴力大聯盟」一連九天近千個街站共收集 121 萬個簽名

63%市民不支持反對派否決政改

增3百分點 逾半人贊同立會通過方案

【本報訊】（記者 鄭治祖）希望政制向前走的主流民意持續凝聚。香港研究協會最新民調結果顯示，53%受訪者認為立法會應該通過政府公布的2012政改建議方案，較上次調查增加1個百分點，表示不應該的只有25%。對反對派議員表示「如果沒有普選路線圖就否決政改方案」，63%受訪者表示「不支持」，較上次調查上升3個百分點，表示「支持」的則有30%。

55%認同本屆政府只改2012

另外69%受訪者認為，假如2012政改方案被否決會影響2017及2020年的普選，認為不會的只有23%。50%受訪者「認同」特區政府指按照人大的決定。本屆政府制訂普選方案的「五步曲」程序，而表示「不認同」的則佔33%。

調查機構於5月10至14日展開第二次全港隨機抽樣電話訪問，成功訪問了1,084名18歲或以上市民。結果發現，65%受訪者表示「贊成」方案中2012年立法會議席由目前60席增加至70席的建議，而表示「不贊成」的只佔23%。方案建議2012年立法會新增5個區議會功能界別議席，再加上現有的1席分自6席，由民選區議員互投代替互選產生，63%受訪者「贊成」，而表示「不贊成」的則佔30%。

方案細節支持多反對逾倍

方案建議2012年行政長官選舉由目前的800人增加至1,200人，1個界別每個類界各增加100人，其中第4界原新的100席中，75席由民選區議員互選產生，63%受訪

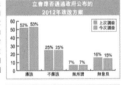

立會應否通過政府公布的2012政改方案			
		上次調查	今次調查
應該	不應該	無所謂	無意見
52% 53%	25% 25%	7% 7%	16% 15%

倘方案被否決，會否影響2017及2020年普選			
		上次調查	今次調查
會	不會	無所謂	無意見
68% 69%	23% 23%	2% 2%	7% 6%

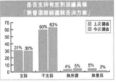

是否支持有反對派議員提出「無普選路線圖就否決方案」			
		上次調查	今次調查
支持	不支持	無所謂	無意見
31% 30%	60% 63%	4% 5%	5% 2%

是否認同本屆政府無權制訂普選方案「五步曲」程序
無意見 7%
無所謂 5%
認同 55%
不認同 33%

者對此表示「贊成」，而表示「不贊成」的則佔25%。兩查亦問及是否贊成委任區議員不參與區議會功能界別的互選，53%受訪者表示「贊成」，而表示「不贊成」的則佔29%。

香港研究協會負責人表示，調查結果反映大部分市民支持及認同建議方案中的各項內容，更有53%受訪者表示立法會應該通過政府公布的2012年政改方案，較上次調查升1個百分點，表示不贊成通過的比例則維持穩，反映香港市民對政制發展前的傾向的派者有所增

至於以69%受訪者認為倘若2012年政改方案被否決會影響2017年及2020年的普選，較上次升1個百分點，表示不會影響的比例則維持不變，反映香港市民認為2012年政改向前發展，對往後香港邁向普選為關鍵。

負責人呼籲社會各界放下分歧，繼續以務實務實的態度度就2012年行政長官及立法會的產生辦法作出凝聚、凝事共識，為2017年的行政長官產生及其後的立法會普選奠下良好的基礎。

2015 年 4 月 28 日《文匯報》

調查，接受或支持政改方案的有 45.7%，不接受和反對有 39.1%，一半一半或不知道的有 15.2%。我在當時經常質疑反對派，自稱民意代表，卻聲言即使民調顯示逾七成市民支持接受目前的方案，亦不會跟從民意投票，實在是「雙重標準」，而且反對派一旦否決政改方案，等同剝奪 500 萬港人普選權利，難以向選民交代。

對於反對派經常批評今次政改是「假普選」，我當時曾說普選無分真假，「每個人對政改都有自己看法，不可以不符合你想法，便是假」。特別是反對派說「入閘」無意思，是自相矛盾、理屈詞窮，「因為無機會『出閘』？無人寫包單你（反對派）一定出到閘，你現在選舉委員會都『入閘』，你都知道選不上（特首），你還是一樣參與。」

反對派應承擔責任

即使違法「佔中」過後，中央官員都未有放棄爭取通過普選行政長官，於 2015 年 5 月 31 日，三名中央官員：王光亞聯同基本法委員會主任李飛及中聯辦主任張曉明，在深圳再會見立法會議員。王光亞呼籲，反對派在這歷史性關頭，不要只顧一己之利或所代表的小政黨利益，要以香港長遠整體利益出發，通過政改方案。他又說，反對派堅持否決政改方案是不幸，指否決方案的人應該承擔香港失去一人一票選特首的責任，廣大市民會作出判斷。

對因支持 2012 年政改方案而遭激進派不斷狙擊的民主黨，事件令人記憶猶新，反對派更沒有人願意讓步，民主黨對今次政改更加「企硬」，而且表明，反對派不會接受「假普選」，也不相信以後會有什麼「奇蹟」出現，除非修改「8‧31」決定，否則一定「無得傾」。要尋找足夠的票數令方案通過，根本沒有什麼希望。

其實今次政改也有奇怪的現象出現，多國駐港領事如法國、意大利、英國、瑞士等都積極參與拉票，就連美國三名主力亞太事務的資深國會議員也來港，與多名議員見面，表達支持政改的態度。他們大多認為，政改方案增添民主成分，令香港民主發展有進步，希望反對派能「袋住先」，認為有總好過無，為何不先行接受當時的政改方案。

「袋住先不等於袋一世」

在立法會審議政改方案決議案前夕，中央官員依然不放棄。港澳辦主任王光亞接受報章訪問時，特別針對反對派批評「袋住先等於袋一世」的說法，指是歪曲和誤導，並且說「中央官員從來沒有人這麼說過」。他說法律制度不會一成不變，但香港特首普選制度將來是否需要、何時、怎樣修改，要看香港社會的發展情況，包括社會共識形成及現行制度接受實踐檢驗的情況。

儘管普選行政長官的政改修訂案，因為反對派不願讓

步，一定不獲三分之二立法會議員支持而被否決，但這都應該在建制派大比數支持下發生。不過在 6 月 18 日表決有關修改香港特區行政長官產生辦法的議案時，意外地只有 8 票贊成，28 票反對，或許很多人以為有不為人知的內幕。真實的情況，原來是因為「等埋發叔」，所以「甩轆」。

原本建制派打算在大比數贊成下，指責反對派不支持，令香港失去普選機會。可惜，當日我們接收到的信息相當混亂，因為建制派和反對派都希望借此機會互斥不是，而大樓外面又已經有兩大陣營「紮馬」，當時又是星期五，若辯論至晚上才表決，定必吸引大批市民在外，容易引起騷亂。

為了應對反對派的「拉布」，建制派都十分克制，「忍口」不發言，以準備隨時反擊，但後來又有消息指出既然不能通過，便應該速戰速決，無謂拖至晚上，引起不必要的騷動，於是希望盡量在上午完成發言後，便進行表決。

「甩轆」事件

然而病重的立法會鄉議局界別議員劉皇發（發叔），當日早上未能出席，卻想在政改關鍵的時刻能投下贊成一票，希望同僚能通知他及時返回議會投票，誰知通知得較遲，外面又塞車，又沒有想到三名官員的發言都十分精簡，很快便進入表決程序，在表決鐘響起後，經民聯的林健鋒議員突然

要求暫停會議 15 分鐘，表示再要討論一下，但因為已宣佈將議題付諸表決，所以主席決定不暫停會議。

經民聯的議員臨時建議，用過去也曾試過因為法定人數不足而休會的方式，所以臨急通知建制派議員齊齊離開議事廳，希望能為發叔爭取多一些時間，因為只要有人提出點算法定人數，便能再拖延 15 分鐘，這樣便可以「等埋」發叔。

誰知溝通不足，部分建制派議員不清楚為何要突然離開議事廳，也有一些議員不認同此方式，當時主席也沒有問為何表決鐘響起，突然有那麼多議員離開。當大部分建制派議員在議事廳外以為會流會之際，主席卻已宣佈點票結果，只有 8 票贊成，28 票反對。

政改方案不被通過是意料中事，但在大比數下遭到否決，支持政改的議員都沒有參加投支持票，令人感到非常詫異，難以理解，特別是在門外支持我們的團體和支持者。今次事件足以證明，打仗時不能隨便改變策略，要大家清楚信息，聽指揮，隊伍才可以一致行動。我當場沒有阻止今次行動，也負有責任。

特首梁振英雖然沒有怪責我們，政府可能已預計一定不夠票，也不太介意，但建制派完全「出醜」，我亦親自向支持者交代。倒是中央真心誠意，到投票前夕都希望取得足夠票數的支持，最終卻無法通過行政長官普選方案。

無普選真的好嗎？

有人認為，2017年沒有普選行政長官更好，以免反對派興風作浪，也可減低選出不合適人選的變數，但我認為，選舉行政長官若按照《基本法》規定，有提名委員會把關，推舉中央可以接受的候選人，問題應該不大。

特區成立以來，這問題一直纏擾香港，也不斷被反對派炒作，一旦確定下來，大家都接受這個方式，依法行事，便可以起到減少爭拗和穩定作用，政府可以集中精力解決其他社會問題。可惜共同努力都因為反對派而付諸東流。

第十六章
政改之四：
完善選舉機制

2012 年 5 月 16 日在立法會外請願，反對「拉布」，浪費公帑（左五）

完善選舉機制，限制只有愛國者才能參選，反對派認為是民主倒退。香港現在實行的是「一國兩制」，如果由一些以反對「一國」或推翻「一國」為目標的人參選，「一國兩制」又如何可以走下去？

「拉布」影響民生撥款

在議會內，反對派的不合作運動變本加厲，全方位「拉布」，要拖垮政府的法案和撥款申請，被指為「網絡 23 條」的版權條例修訂在 2011 年被擱置之後，在《2014 年版權（修訂）條例草案》重提上立法會，雖然增加豁免二次創作，反對派就是不理，即使「拉布」會影響當時其他民生議案的撥款。

法案委員會用了 16 個月 24 次會議完成審議，但當 2015 年 12 月恢復二讀時，花了 3 個月，單是點算法定人數便消耗 38 小時，還有 5 次流會，為免影響其他民生的法案及預算案的審議，政府在 2016 年決定中止審議該條例。

在 2012 年至 2016 年期間，立法會會議總時數打破歷史，共有 2,174 小時，要求點算法定人數 1,478 次，消耗會議時間超過 220 小時，因法定人數不足流會共 18 次。「拉布」情況持續，政府的工務工程撥款經常被反對派的「拉布」阻攔，每年數百億元的工程項目，有時只能批出數十億元，令香港基建發展停滯不前，建造業停頓。

2013 年 4 月舉行「反拉布 保民生」街頭簽名

2012 年 6 月 27 日在立法會外進行反拉布反流會請願

街頭暴力

在 2016 年至 2018 年期間，還有旺角暴亂、立法會議員宣誓風波和沒完沒了的「拉布」。一直到 2019 年爆發「逃犯條例」修例風波、佔領及毀壞立法會、「攬炒」香港和「黑暴」之後，我終於明白到，無論中央政府、特區政府抑或我們愛國愛港人士推出什麼方案，作出什麼讓步，反對派都必定會用盡一切方法加以阻撓。

2014 年的「佔中」，違法佔領街道，阻擋店舖，嚴重阻塞交通，影響到市民日常生活，也成為可以「公民抗命」和「違法達義」的先例。2019 年的修例風波變得更失控，打着

2016 年 11 月 13 日在「反港獨 撐釋法」大集會上發言

捍衛香港自由旗號，仗着「違法達義」，便四出縱火、堵路、破壞鐵路、圍毆或禁錮與自己政見不同、清開路障、支持警方的人，以網絡「起底」方式攻擊警方的親屬，但反對派既不譴責這些暴力行為，也不曾與這些暴徒「割席」，甚至要求特赦這些知法犯法、犯下嚴重罪行的暴徒。

如果說沒有英美「撐腰」，為何物資如燃燒彈等供應都源源不絕？為何黑衣人都很有隊形部署對付警隊？黑衣人都有人管接管送，行動相當有組織，完全是久經訓練。

修例風波的違法暴亂持續，再加上爆發新冠肺炎疫情，全國人大常委會被迫出手，訂立《港區國安法》，凡犯了分裂國家、顛覆國家政權、恐怖活動及勾結外國或者境外勢力危害國家安全這四項罪行，最高刑罰可判處終身監禁。

國歌條例何罪之有

議會內亦出現各式各樣阻撓及癱瘓議會運作的行動，最嚴重是立法會內務委員會風波，反對派議員公開表示，為了阻撓《國歌條例草案》在立法會的立法程序，所以在內會選主席上「拉布」。

2019 年 10 月 15 日，內務委員會開始新立法年度選舉主席，原主席李慧琼欲競選連任，便由副主席公民黨郭榮鏗主持會議，結果到 2020 年 4 月底，歷經逾半年時間、16 次會議後，選舉程序尚未完成，以致內務委員會的工作及正常

運作受到嚴重干擾。

由於內務委員會主席選舉遲遲未能完成，內務委員會無法處理的法案數以十計，嚴重妨礙立法會妥為行使《基本法》第 73 條所訂的憲制職權。及後由立法會主席直接任命陳健波議員主持會議，才成功選出李慧琼任內會主席。原定排期在 2019 年 5 月 24 日上大會恢復二讀辯論的《國歌條例草案》，及至 2020 年 5 月 27 日才能上大會，最終於 6 月 4 日獲得通過。

《國歌條例》何罪之有？一條世界各地都有，尊重代表國家歌曲的法例，卻被反對派扭曲為打壓及箝制言論和示威自由，但事實是至今卻從未有任何人因此而被檢控。

「佔中」助長真「攬炒」

2019 年區議會選舉，反對派包括自決派和本土派等取得 388 個議席，建制派則只得 59 席，但更壞的情況是 2020 年 7 月違法「佔中」發起人之一戴耀廷撰文，提出《真攬炒十步・這是香港的宿命》，試圖癱瘓特區政府，引入外國勢力制裁國家。

過往反對派並不重視區議會的工作，也看不起處理街坊問題。當通過 2012 年政改之後，大幅增加區議會的重要性，所有區議員都可以成為選舉委員會成員，更可以在立法會取得六個議席，便有大批自決派和本土派在地區

民建聯在添馬公園舉行 2019 年區議會選舉誓師大會

湧現，這些忽然關心社區的人能成功當選，並不是建制派地區工作做得差，而是過往大批沒有投票的年青人，經過 2019 的修例風波後，被誤導認為只有癱瘓甚至推翻現政權，香港特區才有希望，於是大批本地派和自決派贏得大量議席。

我們建制派即使參選，卻屢屢受到恐嚇，擺街站受衝擊、滋擾，大部分區議員辦事處被多次砸爛，職員都戰戰兢兢，擔心返回辦公室有人身安全。也有長者向我們反映，身份證被子女收起，也擔心「黑暴」，故此不敢出外投票，

競選期間民建聯的議員辦事處遭嚴重破壞

即使願意冒險投票，排隊也要超長時間，因為有一班人不斷排完又排，阻礙長者投票。

瘋狂的計劃

這次區議會選舉，本土派及自決派的成績，造就了戴耀廷的「真攬炒」，這十步曲，就是要攬炒派參加立法會選舉，成功取得立法會 70 席中過半數或以上，即 35＋，即使特區政府要取消他們的資格（DQ），但司法程序需時，攬炒派繼續主導立法會，否決政府提出的所有撥款申請，又否決財政預算案，令特首被迫解散立法會，而立法會即使重選，攬炒派會再參選，仍取得 35+ 以上，攬炒派再否決財政預算案，特首辭職，特區政府停擺。屆時全國人大常委會會宣佈香港進入緊急狀態，中央政府自會把國家安全法直接適用於香港，解散立法會，成立臨時立法會，下屆特首由協商產生，並大舉拘押攬炒派頭目，屆時街頭抗爭將更激烈，鎮壓也非常血腥，港人發動「三罷」，令香港社會陷入停頓，西方國家對中共實行政治及經濟制裁。

黑名單

原定在 2020 年 9 月 6 日舉行的立法會選舉，在提名期 7 月 31 日結束前夕，有 12 名反對派參選人被裁定提名無

支持人大常委會決定記者會

效，當中有四名為現任立法會議員，包括公民黨郭榮鏗、楊岳橋、郭家麒及會計界的梁繼昌。這些被取消資格的人士，不但到海外要求外國勢力制裁香港，干預香港事務，更揚言當選後無差別地否決財政預算案及政府法案。而香港特區部分官員和我更被列入制裁黑名單。

由於當時正值疫症爆發，為免引起不必要的感染，保障市民健康，特區政府在提名期結束當日宣佈，押後立法會選舉一年。修例風波給香港敲響了警鐘，香港不能再陷入無休止的政治爭拗，更不能讓反中亂港份子進入管治架構，落實「愛國者治港」是維護香港繁榮穩定的關鍵，是維護「一國兩制」的定海神針。

同年 11 月 11 日，人大常委審議通過《全國人民代表大

會常務委員會關於香港特別行政區立法會議員資格問題的決定》，指出「宣揚或者支持『港獨』主張、拒絕承認國家對香港擁有並行使主權、尋求外國或者境外勢力干預香港特別行政區事務，或者具有其他危害國家安全等行為」者，經「依法認定」後喪失議員資格。香港特區政府也取消了上述四名議員的資格。反對派 19 名議員即時決定總辭，以示抗議人大常委的決定。

DQ 四議員

今次決定取消四人資格，完全針對事實，有理有據，清楚證明他們要求外國勢力制裁香港，違反《基本法》第 104 條，規定特區行政長官、主要官員、行政會議成員、立法會議員、各級法院法官和其他司法人員在就職時必須依法宣誓擁護《基本法》，效忠香港特別行政區。

上述種種的行為，都顯示一個事實，反對派試圖推翻特區政府，中央政府被迫出手，撥亂反正。2021 年 1 月 27 日，國家主席習近平在聽取時任特首林鄭月娥述職之後，談及「要確保『一國兩制』實踐行穩致遠，必須始終堅持『愛國者治港』」。同年 2 月，國務院港澳辦主任夏寶龍為「愛國者治港」訂立了三大標準。

為了解決選舉制度的漏洞，2 月底全國政協副主席、港澳辦主任夏寶龍在北京舉行「完善『一國兩制』制度體系，

落實『愛國者治港』根本原則」的專題研討會，並首次表明要完善香港選舉制度。

全國人大常委會副委員長王晨於 3 月 5 日全國人大會議開幕禮時，就《全國人民代表大會關於完善香港特別行政區選舉制度的決定（草案）》的有關說明，指出香港自 2019 年修例風波以來，反中亂港勢力、本土主張分裂勢力，公然鼓吹「港獨」主張，通過選舉平台、立法會和區議會議事平台，或利用公職人員身份，肆無忌憚進行反中亂港活動，極力癱瘓立法會運作，阻撓特區政府依法施政，並策劃透過非法「預選」，妄圖通過選舉掌控立法會主導權，進而奪取香港管治權。

完善選舉機制

王晨表示，社會亂象表明，香港現行選舉制度機制出現明顯漏洞和缺陷，必需採取必要措施，消除制度機制的隱患和風險，建議重新構建選舉委員會，擴大香港均衡有序的政治參與，確保落實愛國者治港，選舉改革將採取「決定＋修法」的方式，先由全國人大就完善選舉制度作決定，再授權全國人大常委會按決定修改《基本法》附件一和附件二，之後香港再進行本地立法。

完善選舉機制把行政長官、立法會和選舉委員會產生的辦法作出更改，行政長官產生辦法修改如下：

◆ 行政長官候選人須獲得選舉委員會不少於 188 名委員聯合提名，每個界別參與提名的委員不少於 15 人

◆ 選舉委員會以一人一票無記名投票選出行政長官候任人，行政長官候任人須獲得選舉委員會全體委員過半數，即超過 750 名選委支持

立法會產生辦法修改如下：

◆ 立法會議員增至 90 人

◆ 通過 1,500 人組成選舉委員會選舉 40 人、功能團體 28 個界別選舉 30 人、10 個選區分區直接選舉 20 人，三種方式產生

選舉委員會產生辦法修改如下：

◆ 選舉委員會增加至由 1,500 人組成

◆ 分五個界別（各 300 人）：工商、金融界；專業界；基層、勞工和宗教等界；立法會議員、地區組織代表等界；香港特別行政區全國人大代表、香港特別行政區全國政協委員和有關全國性團體香港成員的代表

當完善選舉機制之後，我曾撰文指出，2019 年的修例風波，「黑暴」肆虐，香港的法治、經濟和民生都受到了嚴

香港再出發大聯盟支持完善地區治理建議方案

重的破壞。更嚴重的是，香港的反中亂港份子與西方反華勢力互相勾結，企圖將香港從中國的版圖上分裂出去，完善選舉制度，是一場國家主權和政權安全的保衛戰，防止反中亂港份子借選舉制度上的漏洞，試圖顛覆特區政府。

回到健康軌道

設立資格審查委員會，確保參選人過往言行，都是愛國者應有的言行。立法會選舉採用新的選舉制度，具有更廣泛代表性，而且從參選人的構成，無論是行業、職業還是年齡都更多元化，令選舉制度回到健康軌道。

或者有人會問，直選比例減少，是否民主退步？但我認為，民主不是只有直選，更不是只有地區直選，民主有許多方面的體現，以選舉委員會作為核心，根據香港的實際情況，令當選者有一個全局的概念，以市民的根本利益為出發點，也是很重要的。如果不是這樣，今天許多議題都只會流於爭拗，各自堅持自己的立場，沒完沒了。

　　今次修訂取消了區議員所佔的選委會席位，過去我曾指出，區議會屬根據《基本法》第 97 條設立的非政權性區域諮詢組織，其功能是服務社區及就文化、康樂等服務向特區政府提供意見，但目前的區議會已經變質，在政治層面的介入已愈來愈多。是次修訂可回歸《基本法》原意，讓區

擔任「完善選舉制度落實愛國者治港」座談會講者

議員能專注做好地區服務及諮詢工作。

有指立法會和行政長官選舉，前者變成「清一色」，後者在無競爭之下選出行政長官。今次立法會選舉每個界別都有競爭，而且都有不同意見，大家背景和經歷也不盡相同，從他們加入議會的表現，可以發現他們絕不會為反對而反對，而是做實事的議員，從興建簡約公屋便看到，議員對造價貴、對周遭交通承擔力提出意見，做到監察政府的責任，政府也有積極回應議員的訴求。

對於行政長官只有一人參選，法例規定必須有過半數的選委投票支持才能當選。今次李家超宣佈參加行政長官選舉，大部分選委都認為他是合適人選，因為他長期在政府工作，熟悉政府運作，更曾擔任政務司司長一職，是一位有能力、有承擔的特首人選，可以帶領香港從亂到治。最終也沒有人參選挑戰他，可說是眾望所歸。

最終會有普選

沒有 2017 年普選行政長官，香港還會有普選嗎？我認為，《基本法》第 45 條已列明：「行政長官的產生辦法根據香港特別行政區的實際情況和循序漸進的原則而規定，最終達至由一個有廣泛代表性的提名委員會按民主程序提名後普選產生的目標。」

不過，為免每次政改都帶來很多不穩定的因素，相信

暫時不會變得太快，要看實踐的情況，再看看有否要改善的地方；如果條件具備，相信最終會達到普選行政長官和立法會議員。由始至終，中央都支持香港特區普選行政長官和立法會。由《基本法》起草開始，已走在《中英聯合聲明》之前，加入「普選」字眼；至 2007 年，中央同意 2017 年普選行政長官，之後普選立法會，即使 2014 年出現違法「佔中」，中央亦積極推動 2017 年普選行政長官的政改方案。

然而，中央的誠意卻被反對派扭曲為「假普選」，最終否決方案，把中央決定的內容置之不理，令中央失望，之後又爆發修例風波、「黑暴」、「真攬炒」，意圖奪權，顛覆特區政府，令中央失去信心，只好透過完善選舉機制撥亂反正。

第十七章
佔領行動後遺症

2014 年 8 月 17 日參加 817 和平普選大遊行及集會（右三）

「佔領中環」初期聲稱是非暴力的抗議行動，以佔領港島中環金融區的交通要道的方式，爭取民主普選，但結果佔領行動達 79 日之長，影響金鐘、銅鑼灣、尖沙咀和旺角一帶交通，市民生活、旅遊、零售和飲食業都大受影響，也埋下 2019 年「黑暴」的計時炸彈。

政治核彈

對於違法「佔中」發起人之一戴耀廷揚言「佔中」是「政治核彈」，我當時即時回應：「我們不知道他們的用意，但核彈不要隨便用，最近北韓（朝鮮）搞緊核彈，令到全世界都有很大反響」，並強調戴耀廷是一位法律學者，就一定要有法治精神，不要以「公民抗命」為藉口，就可以不依法辦事，「這是説不通的」。

我同時強調，香港社會不需要「革命」：「革命，我們革邊個命？是否要推翻現政權？我認為這不是大多數人的看法，既然人大常委會已經（就普選）作出承諾，（香港）應該將之落實。倘反對派輕率否決（當局的政改方案），相信是香港市民不想看到的。」

2013 年 10 月，特區政府展開政改諮詢，從第一輪諮詢「有商有量，有根有據，實現普選」，收到近 12.5 萬份意見書，2014 年 7 月政府發表公眾諮詢報告，民建聯收集到的主流意見認同《基本法》已明確規定提名權只授予提

名委員會，提名委員會擁有實質提名權，其提名權不可直接或間接地被削弱或繞過，以及行政長官人選必須「愛國愛港」。

「8.31 決定」

違法「佔中」在香港社會鬧得如火如荼之際，8 月 31 日第十二屆全國人民代表大會常務委員會第十次會議通過了《全國人民代表大會常務委員會關於香港特別行政區行政長官普選問題和 2016 年立法會產生辦法的決定》，正式確定香港可以從 2017 年開始實行「一人一票」普選行政長官，並為普選行政長官的具體方案定下了清晰而明確的框架。

上述的「8.31 決定」，規定提名委員會人數、組合和產生辦法，可以提名二至三名行政長官候選人，候選人要得過半數提名委員會委員支持才可以參選，全港合資格選民都有權投票，而 2016 年立法會選舉產生辦法也不會有改變。

「8.31 決定」觸發了反對派不滿，認為要經過提名委員會提名是「假普選」，不能接受。戴耀廷聲稱對話之路已走盡，學聯及學民思潮分別發動大專生及中學生罷課，並於 9 月 26 日晚在毫無預警之下，佔據政府總部內的「公民廣場」，而在 9 月 28 日凌晨，「佔中」發起人宣佈提前原定 10 月 1 日才進行的「佔中」，公然要求撤回「8.31 決定」。

打開兼聽大門

其實中央一直希望解決政制的爭議，願意聽取意見，也安排全體立法會議員在 2014 年 4 月 12 日及 13 日前往上海進行訪問，而且又在 8 月 21 日在深圳舉行政改座談會，邀請全體立法會議員參加，希望令社會回歸平靜。反對派並不領情，卻變本加厲地挑戰，佔領行動 9 月底全面爆發，最

2014 年 10 月 15 日向立法會提交呈請書（圖片來源：香港商報）

2014 年 10 月 16 日《文匯報》

初以為只是短暫的，之後行動不斷升級，不但影響上班和上學，又堵塞通往中區和鄰近地區的主要道路，而且不斷蔓延至旺角、尖沙咀和銅鑼灣，旅遊業和零售業全面受到影響，無法經營。

　　民怨累積，在 10 月 15 日，我和 11 位民建聯立法會議員向立法會主席及全體議員提交呈請書，說明「佔中」違法堵路，已「嚴重影響市民的日常工作及生活，並對香港社會整體利益造成嚴重影響」。

呈請書要求調查

　　「事件令多條主要幹道交通癱瘓，運輸業生意大受打擊，部分商店及銀行需要關閉，食肆及報紙檔亦因無法得到貨品補給或顧客減少而接近停業。事件更令多國對香港發出旅遊警示，引發退團潮，令本港國際聲譽嚴重受損，經濟損失難以估計……導致社會嚴重分化，人心撕裂，家庭不和。」我們提出引用《立法會（權力及特權）條例》成立專責委員會進行調查，但結果遭否決，立法會最後決定交由不具特權的專責委員會跟進。

　　我在 10 月 16 日立法會休會辯論上反擊：「作為非法佔領的主要鼓吹者的反對派陣營多番強調，今次的非法佔領只為爭取所謂的真普選，絕非搞顏色革命，並指有關言論是詆毀非法佔中。」

顏色革命

「不過，有一位本地政論家指出，大家可以檢視由吉爾吉斯、阿拉伯之春以至烏克蘭的顏色革命歷程，我們會發現非法佔領與顏色革命有很多似曾相識的步驟特徵。首先，不斷地利用民生問題、政治問題發動反對政府的對抗事件，街頭和議會內外互相呼應，貶低政府的威信。然後，通過控制學生會，舉辦一些工作坊，訓練學生怎樣發動群眾，怎樣引誘學生到達有標誌性的政府廣場，最初的時候是討論一些普通的民主問題，突然間改變題目，要發動衝擊政府，然後，通過現場廣播、互聯網、手機短訊，每日製造不同的議題及謠言，吸引更多人民群眾集中。」

「我想呼籲現在繼續參與非法佔領的示威人士，應該停一停、想一想是否要繼續參與非法佔領。首先，非法佔領提出要求公民提名等違反《基本法》第 45 條的要求，這是不可能，也是不應實現的訴求。」

「整個非法佔領堵塞多條主要的交通要道，嚴重影響市民上班、上學、損害佔領區商戶的生意及工人的工作及入息，造成極大民憤、民怨，更重要的是，他們的違法行動，嚴重損害，甚至摧毀被視為香港最重要的核心價值，即法治精神，正如現時泛民議員枱上『無法無天』的標語。我最近收到一名市民的電郵，他用一副對聯表達對非法佔領參加者的看法，上聯是『誤人誤己誤蒼生』，下聯是『累人累物累

社群』，橫批是『既然如此、何不收手』，所以我希望參加非法佔領的人士，可以盡快撤離佔領區，無謂要到負上刑責及神憎鬼厭地步時才收手，恐怕回頭已是百年身。」

促請追查幕後黑手

「最後，我強烈要求警方追查今次非法佔領的幕後黑手，以及追究非法佔領的發起人、鼓吹組織背後的民事和

2014 年 11 月 5 日《香港商報》

刑事責任，讓法治及公義得到彰顯，為非法佔領的受害人討回公道。」

　　由愛國愛港陣營發起成立的「保普選反佔中大聯盟」，進行了簽名大行動，號召「還路於民，恢復秩序，維護法治」，民建聯馬上響應，10月25日至11月2日在全港各區擺設街站，讓市民透過簽名發聲，支持警方執法，令香港盡快回復秩序。

　　九天行動，累計逾183萬人簽名，當中有近50萬名市

2014年12月12日我（前排左二）聯同建制派立法會議員送感謝咭予警方

民通過互聯網簽名，創下香港簽名行動的歷史性紀錄。民建聯更於 11 月 6 日發表「佔中何時了？」的問卷調查結果，在 5,500 名被訪者中，超過七成市民生活受違法「佔中」影響，超過 67% 認為應該立即結束「佔中」。

摸底促收手

違法「佔中」行動一直沒完沒了，為免事件進一步惡化，當時經民聯林健鋒議員相約反對派的何秀蘭交換意見，我也有參與，發現反對派本身亦有憂慮，但卻無法影響「佔中」的行動。最終金鐘、銅鑼灣、旺角、尖沙咀及立法會門外全是帳篷，示威者都睡在營內繼續抗爭，每逢見到建制派出入便「出口傷人」。

立法會更被衝擊，11 月 19 日凌晨，數十名示威者以鐵馬撞擊立法會大樓的玻璃門，又拿磚頭和水泥渠蓋，猛烈敲打大樓的玻璃門，示威者成功鑿開一個洞，有人更竄入大樓，直至警方到場驅趕。

在運輸業界生計受到嚴重影響之下，10 月 20 日高等法院連續頒佈三項臨時禁制令，禁止佔領人士繼續佔據旺角及金鐘一帶道路。在 11 月 24 日張貼禁制令後，要求在場人士清除物品及在 24 小時內離開，但當然沒有人理會，11 月 25 日開始清場行動，並於 12 月在中環及金鐘一帶清場，違法「佔中」慘淡收場。

法治受損

我特別想指出，在 11 月 26 日我在立法會上曾提問：
「政客聲稱，如有人刻意違法，只要其後自首以承擔法律後
果，便無損法治，而且法治不是無條件遵守法律。」當時律
政司的回應，便引用高等法院原訟法庭區慶祥法官就三宗
涉及佔領行動的臨時禁制令的裁決。

針對法治精神，法官清晰闡述：「法治精神必須包括每
名市民及政府同樣需要遵從和遵守法律。即使被告人認為
法庭命令有錯，也不應違抗，而是應先遵守命令，然後依循
司法程序提出反駁理由。法律能容許個人選擇是否遵從法
庭命令。有關市民可以先隨意或蓄意違法，然後承受犯法
的後果，便不會破壞或挑戰法治的說法是錯誤的。在文明
和有秩序的社會，法治無法在這基礎上切實有效地施行。」

「令人擔憂的是，一些公眾人物（包括一些曾受法律訓
練的人士）多次公然向公眾人士及一眾抗議人士和示威人士
表示，在各方之間的聆訊作出裁決前，無需遵守單方面禁制
令，而僅僅違抗民事命令，並非挑戰法治，只要有關人士違
抗實際發出的藐視法庭罪交付羈押令時，法治才會受到威
脅。這些說法是錯誤和不正確的，並會令公眾人士和各被
告人對法治精神存有不當誤解。」

自首寥寥可數

違法「佔中」發起人之一戴耀廷曾揚言,「佔中」要符合數個原則,當中包括參與者必須在誓言書表明會承擔罪責,在行動結束後向執法部門自首,由執法部門決定是否作出起訴;必須到了最後時刻,即港人追求真普選的夢想徹底幻滅時才可使用。

不過,似乎這些所謂原則,都只是煽動人參與「佔中」,事後極少聽到反對派願意承擔罪責,到執法部門自首。

違法「佔中」行動不斷得到外國讚揚,各佔領區物資都源源不絕,即使法庭頒發禁制令也無意主動撤離,但在香港生活的市民,上班上學經商受累的市民,感想卻絕不一樣,多數市民認為,自由不是毫無限制,不能影響其他人的自由,和平佔領不等於正確,一切必須以法律為依歸,要考慮國家安全、公眾秩序,無論多正義也不能違法。

埋下「黑暴」伏綫

持續 79 天的違法「佔中」最終失敗收場,但反對派並不因此而收斂,激進派、本土派和港獨派更加活躍,不斷在社會上散播仇視政府、挑戰政府的情緒,等待時機,部署下一波,正是山雨欲來風滿樓。

第十八章
修例爆「黑暴」

2019 年 7 月 20 日下午，31 萬香港市民在金鐘添馬公園參加「守護香港」集會（圖片來源：中新社）

大批示威者包圍警察總部、阻撓港鐵開行、堵塞馬路、縱火燒銀行及鐵路沿線、四處投擲燃燒彈、佔據大學、到不同政見店舖及食肆搗亂，試想想這個充滿暴力的是什麼地方？這裏是 2019 年的香港，一個沒有法治的香港。

上述種種違法行為，都會被視為暴動，要推翻政府才會出現的情況。無緣無故破壞交通燈、在機場綑綁禁錮旅客、圍毆政見不同人士，把矛頭指向警方，在外國會被視為顏色革命，以暴力推翻政府。

不過，香港社會繁榮富庶，並沒有民不聊生的問題，很多人對香港發生的事感到愕然：為何會出現如此極端的行為，到底所謂何事？只因為反對《2019 年逃犯及刑事事宜相互法律協助法例（修訂）條例草案》（逃犯條例修訂）嗎？犯法的逃犯才被移交，為何會激發修例風波，再演變為無法無天的「黑暴」？

修例堵漏洞

當時政府建議修例，是因為 2018 年初發生香港青年陳同佳在台灣殺害女友的案件，由於陳同佳已返回香港，香港不能審理在台灣發生的謀殺案，警方無法以謀殺罪起訴他，而台灣與香港之間也沒有相關司法互助協議，不能把陳同佳移交台灣。

香港特區政府於 2019 年打算修改法例，把台灣納入逃

支持修改《逃犯條例》

犯引渡協議，而基於一個中國原則，內地也納入修例範圍，因而引發法例通過後，香港的逃犯按照法例，可被移交到內地接受審訊，觸發反對派以「送中」形容該條例，挑起社會不安，激發仇視特區政府和中央的情緒。

如果只針對不滿修例的條文，反對派大可以作出反映。根據法例，移交罪犯不論在香港還是海外，是有既定的做法，反對派不停以「送中」抹黑修例，完全說不過去。

借機挑釁

有人認為修訂逃犯條例，是內地的指示，但我並不相信，只是剛巧有台灣的殺人案件發生，而香港已回歸祖國20多年，才決定修例。不過，反對派把視線轉移，宣傳凡

反對內地或中央的言論便會被修訂的條例「送中」，接受內地審訊，由於與中國人傳統「送終」同音，直言修例是「送你去死」，並以鋪天蓋地的宣傳，引發市民特別是年青人的擔憂。

猶記得 2018 年廣深港高鐵香港段通車實行「一地兩檢」，被反對派質疑是「割地」，會跨境執法，破壞「一國兩制」，違反《基本法》等，結果高鐵啟用後，從未有任何反對派提出的問題出現，倒是方便旅客完成出入境手續，提升通關效率，節省旅客的時間。

就修例問題，特區政府並非堅持寸步不讓，相反針對商界和法律界的關注，時任保安局局長李家超兩度提出新修訂，包括剔除破產、證券期貨交易等罪行，而且提高移交要求，只限由最高人民檢察院提出的申請，判監七年或以上的罪行，經香港法院批准，方會移交逃犯。

「勇武派」抬頭

無論特區政府如何解釋，都是有理說不清，一句「反送中」，便激發民眾情緒。經過 2014 年違法「佔中」事件，以前和平、非暴力的遊行示威，被指毫無作用，「勇武派」因而抬頭。

2019 年 6 月 12 日，立法會原定就逃犯條例修訂草案恢復二讀，惟大批示威者戴上頭盔、眼罩，用雨傘、路障衝向

警方防線，其間不斷向警方投擲雜物，示威者佔據立法會附近的馬路，衝擊立法會大樓，導致會議無法召開，警方驅散示威者時，雙方爆發衝突，警方拘捕部分示威者。

為讓社會盡快回復和平，時任特首林鄭月娥決定於 6 月 15 日宣佈暫緩修例工作，並承諾與社會各界溝通，可是反修例行動依然不斷升級。翌日民間人權陣線（民陣）再次發起反修例遊行，並提出「五大訴求」，包括：撤回修訂逃犯條例、追究警察開槍、不檢控示威者、撤銷暴動定性、特首問責下台。

挑戰法治

暴亂份子又分別在 6 月 21 日及 26 日包圍警察總部，以鐵馬及雜物堵塞警察總部出入口、向警察總部擲雞蛋、在外牆塗鴉、破壞警察總部外牆的閉路電視，示威者亦用強力電筒及激光射向警務人員的眼睛，並惡意阻撓警察總部人員自由出入。

當時作為全國人大常委，我公開指出，政府已停止修例工作，亦無重推時間表，認為示威者不應糾纏。我呼籲有關人等不要再針對警方，強調警隊為市民除暴安良，要保持士氣，否則對香港社會的穩定及治安沒有好處，冀社會回歸理性，珍惜香港。政府應檢視現行政策，未來應繼續解決民生、經濟問題，回應市民的訴求。

攻佔立法會

自從包圍警察總部之後，示威者變得更為暴力，並於 7 月 1 日佔領立法會。暴徒用鐵枝、鐵籠車、磚頭、金屬柱等物品撞破大樓玻璃幕牆，甚至用腐蝕性水彈和石灰粉攻擊警察，立法會內有冒煙、有火光，又大肆破壞大樓內的設施，剪掉電腦線、塗污原本掛在會議廳的香港區徽，甚至掛上香港殖民時代的旗幟。

我當時斥責這些暴力行為，而且譴責反對派政黨一邊為暴力行為辯護，一邊攻擊警方，令激進示威者以為自己得到了很多支持，慢慢形成「英雄式」心態，持續下去將非常

示威者塗污掛在立法會會議廳的香港區徽（圖片來源：香港商報）

示威者破壞
立法會（圖
片來源：香
港商報）

示威者塗污中聯辦牌匾（圖片來源：大公網）

危險，執法部門要將違法者繩之以法。

止暴制亂

7月9日，行政長官林鄭月娥召開記者招待會，形容修例已經「壽終正寢」，而民陣普遍認為這不代表政府撤銷修例。堵路、網絡「起底」、攻擊及羞辱與自己政見不同的人士、搗亂被標籤為「親中」的店舖、製造燃燒彈及炸藥、肆意毀壞公共設施如港鐵和交通燈、四出縱火，佔領機場和大學等行為，無日無之。

8月7日，港澳辦與中聯辦在深圳舉行有關香港局勢座談會，我與香港500名各界代表一同出席，會後我向媒體傳達港澳辦主任張曉明提出五點主張，包括要止暴制亂；中央絕不容忍挑戰「一國兩制」底線；要挺特首、挺警隊；並對香港民意作客觀分析；愛國愛港力量要成為香港中流砥柱。

當時中聯辦主任王志民也提出了四點希望：第一、維護特區政府管治權威；第二、要用行動挺特首、挺警隊；第三、各界應積極行動起來，舉辦不同活動，發揮正能量；第四、要堅持不懈、做深做實、做好青年學生的工作。

拒「攬炒」

　　為了保護香港，建制派人士組成「守護香港大聯盟」，於 8 月 17 日舉行「反暴力，救香港」集會，我當時亦有參與，希望透過集會向社會發出拒絕「攬炒」的聲音。我又責備有些暴徒聲稱要與香港「玉石俱焚」，若對其繼續包容，只會助長暴力，重申破壞容易，建設艱難，呼籲任何人都不應縱容暴力，「必須對暴力說不」，同時呼籲市民要繼續支持警隊平息暴亂，維護社會秩序和治安。

　　集會上提出了七大訴求：

1.「亂夠了」：停止無休止的非法遊行、集會、佔路；

2.「停暴力」：停止一切掟汽油彈、縱火、掟磚等暴力衝擊；

出席「守護香港大聯盟」於 2019 年 8 月 16 日舉行的記者會，公佈舉行「反暴力，救香港」集會（圖片來源：中國新聞網）

2019 年 8 月 17 日參加在金鐘添馬公園舉行的「反暴力，救香港」集會（圖片來源：新華網）

3.「勿擾民」：停止影響市民日常生活的「不合作運動」；

4.「止破壞」：停止污損國旗國徽、破壞警署和公共設施；

5.「守法治」：回復守法傳統，勿自毀「一國兩制」；

6.「阻撕裂」：不同政治取向市民，不再互相攻擊；

7.「返正軌」：社會回到正軌，政府改革向前。

深惡痛絕

我依然記得觀看電視新聞時，屢屢見到很多暴徒弄污和踐踏國旗，把國旗擲進海裏，這些敵視國家的行為，看了讓人心痛，而且有些暴徒十分殘酷，一言不合，便圍毆異見人士，甚至向不同政見人士淋易燃液體，令他頓時變為火人，實在令人深惡痛絕。

那些聲言「公民抗命」、「違法達義」，表示願意承擔一切法律責任的人，見到「五大訴求」中提出不檢控示威者，從沒有説一句話，要求他們要承擔責任；眼見暴力不斷升溫，做出毀壞公物、禁錮平民、縱火、製造炸彈，甚至謀殺的行為，反對派只歸咎是政府責任，導致暴力事件變本加厲。

歪理誤導青年

年輕人更被誤導，以為只要是正義，便可以罔顧法紀。試想想，鼓吹這種為了正義，便可以違法的歪理，鼓動了大批年青人走出來，但犯法之後，又要求政府釋放及不檢控違法人士，若這種思想繼續蔓延，香港哪裏還有法治可言。

「黑暴」種種違法肆意破壞的行為，美國政府不單指這是對民主人權的追求，還因應香港制訂止暴制亂的《港區國安法》，制裁香港和內地官員。從多方面不同的消息，「黑

暴」似無「大台」，無特定的知名人士領軍，但四出破壞的黑衣人，每次行動都很有謀略，絕非只是散兵游勇。

外國勢力干預

暴徒的衣飾、防催淚彈的面罩、攻擊性裝備如燃燒彈、強力彈弓和激光筆等，都所費不貲。據悉，每次出動都有專車接送，一切訓練有素，懂得如何一擊即敲碎玻璃、破壞交通燈和電箱等，而且進退有道，避開警隊圍捕，宣傳有法，不斷聚集激進人士，沒有一定的軍事知識和金錢支援，實難與警方長期對峙。

相比違法「佔中」，「黑暴」令社會更分化，非我族類，其心可誅，不加入「黃營」，便被視為異類，被「起底」、遭攻擊，當時令市民大眾感到人身安全受威脅，擔心外出，我亦特別小心，有需要出外，都會坐私家車出入，並戴上口罩，以免被攻擊。

在「黑暴」之下，2019年區議會選舉，反對派大獲全勝，2020年立法會換屆選舉在即，反對派希望乘勝追擊，要取得立法會過半數議席，即他們口中的35+，提出「佔中」的戴耀廷又於2020年初發表《真攬炒十步 這是香港宿命》的文章，鼓吹要取得立法會過半數議席，以拒絕通過財政預算案，迫使特首解散立法會，甚至癱瘓特區政府，迫使西方政府政治及經濟制裁中國。

幸好通過訂立《港區國安法》和完善選舉機制才可以令到愛國者治港，粉碎反中亂港、企圖分裂國家的陰謀。事實上，要是沒有違法「佔中」、反逃犯條例和「黑暴」，香港市民已可以在 2017 年普選行政長官，2020 年普選立法會。

執迷不悟

不過，反對派仍然執迷不悟，拒絕接受按照《基本法》的普選方案，直至 2023 年也沒有普選。反對派口中的民主，以暴力搗亂香港，威脅中央，漠視中央的善意，到頭來適得其反，自食其果。

第十九章
新冠肺炎肆虐

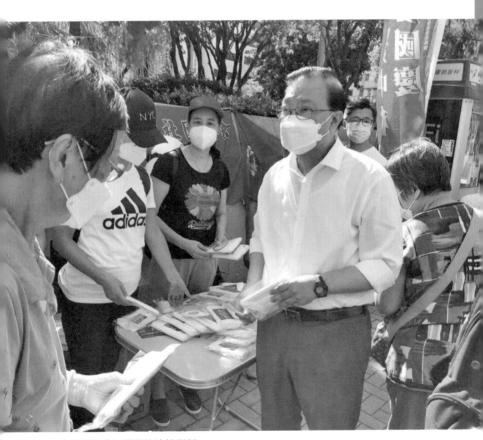

向市民派發口罩及快速檢測劑

香港國際機場變為檢測中心，平時熙來攘往的街道變得寂靜，儼如「打仗」，實在令人心酸，而這場沒有硝煙的戰爭，全港市民都與之抗爭。最叫人感動的，是站在最前線的醫護、清潔工和義工，大家面對新冠肺炎這傳染力極強的病毒，幸得中央全力的關心與支持，香港疫情才漸漸受控。

沒有硝煙的戰爭

經歷過 2003 年的「沙士」，我們由對傳染疫症一無所知，到累積了一定的經驗。可是新冠肺炎在香港特區是前所未見的，傳播力較「沙士」有過之而無不及，而且死亡率遠高於一般流感，疫情總是反反覆覆。截至 2022 年初已經是第五波，2023 年 4 月底確診數字又再次上升，更出現「大角星」的變種病毒。

儘管國家已有分析成因，透過醫學科技，既有核酸檢測，又有快速檢測，再加上能減輕症狀的預防疫苗，較「沙士」年代進步，但香港人口稠密，病毒不時變種，在其間爆發很多爭議，暴露香港特區不少弱點，例如是否封關控制疫情、口罩及保護衣物不足、蔬菜食物短缺、高危病患欠缺支援、全民檢測爭議、應否設健康碼、全面禁食肆堂食、免針紙等，時有政策混亂、主張不及時和措施不到位的問題。

由兩位前特首董建華及梁振英作總召集人的「香港再出發大聯盟」（大聯盟）於 2020 年初組成，而我則擔任秘書長。當時正在鬧口罩、保護衣等物資荒，民建聯和大聯盟均努力四出籌集款項及物資，希望能幫助有需要的人。

多得有心人

　　幸好得到有心的企業幫忙，不但籌得逾 2,000 萬元款項，也得到一些物資捐贈。當時有些熱心人士在全球購買物資，知道欠缺什麼，第一時間便搜購，價錢即使貴一點，都願意先行購置。記得當快速檢測面世之後，市民都想自行檢測，二話不說，我們便去採購，對於不同國家的標準各異，最初都有點擔心，但考慮到市民的期盼，都盡量購入。

　　由於欠缺防疫物資，於是把五個一盒的快速檢測包分拆開來，令更多有需要的人士、弱勢社群都可以做檢測。我們也曾做過 10 萬個用中藥粉製成的香囊用作防護，亦得悉連花清瘟膠囊和金花清感顆粒有效，馬上尋找貨源，爭取早日派到有需要的市民及醫護手上。

　　當口罩在全世界都沒有貨源或「炒」到天價時，我和一些熱心人士都在思考自行生產。雖然有人樂意捐款，但原材料、生產機械和必需的熔噴不織布等，在在都要四出搜購，在內地貨品出口時要辦報關入境手續，部分機器和物料被視為戰略物資而不容許出境。我們分別與海關商討，再

通過中聯辦協助，才成功把機器和熔噴布等材料分批運到香港。

大無畏精神

民建聯和大聯盟在內地人脈豐，關係好，內地友好得知我們可以把抗疫物資有效分到有需要人士手中，當有合適的物資便會送來，讓我們發放給市民。我記得當時民建聯總部整整一層樓都放滿物資。市民有任何需求，我們也通過十八區支部即時派人送上，即使面對病毒的感染威脅，我和一批義工都無所畏懼，把物品送給有需要的人士。

大聯盟推出「千萬口罩獻愛心」行動，在內地尋找到貨源，透過全港十八區街站派發、由社區和團體分發、網絡登記領取等多種方式展開。大聯盟亦安排工作人員派送口罩至各機構、團體、老人院、單親協會、小商販及多元文化中心等地，令市民受惠。

中央政府對香港特區的支持無遠弗屆，2020 年 7 月第三波疫情爆發，便即時應特區政府要求，派支援隊前來協助。在內地被徵召的醫護，沒有任何怨懟，便離鄉別井，與家人分隔兩地，當時有 570 多人來香港支援，為香港人進行核酸檢測，為期兩週，共有 178 萬人參加普及檢測，充分體現香港有危難時，國家無微不至的支持。

多間熱心機構和人士捐贈抗疫物資

「香港再出發大聯盟」推出「千萬口罩獻愛心」行動

「香港再出發大聯盟」派發快速檢測劑

首度延遲立會選舉

另一件在疫情期間發生的大事，是香港特區政府首次決定押後立法會選舉一年至 2021 年。全國人大常委會應香港特區政府要求，於 2020 年 8 月 11 日全票通過：「2020年 9 月 30 日後，香港特別行政區第六屆立法會繼續履行職責，不少於一年，直至香港特別行政區第七屆立法會任期開始為止。香港特別行政區第七屆立法會依法產生後，任期仍為四年。」

當時我作為全國人大常委，深感疫情嚴重，應盡量避免人傳人，若舉行選舉，候選人要四出拉票，也要進行「洗樓」和家訪，難免造成人群聚集，產生風險，加上要動員大量人手負責投票、收集票箱、分票和點票等工作，所以我認同及支持人大常委會的決定。有關規定也解決了立法會任期延長一年後，新選出的立法會議員任期是三年還是四年的問題。

參觀「氣膜火眼實驗室」

不幸地在 2020 年底，又爆發第四波疫情，我和民建聯主席、全國政協委員李慧琼決定致函全國人大常委會委員長栗戰書，請求中央再次派員到香港特區參與抗疫工作，如核酸檢測支援隊，建立「氣膜火眼實驗室」，以提升香港檢測能力。

考慮到很多香港市民需要回內地與家人團聚，探望患病至親，期望中央容許已接種疫苗，並已產生病毒抗體的香港居民來往內地時可豁免隔離。內地嚴控疫情，到內地的限額有嚴格規定，所以為了解決通關問題，我們於 2021 年建議為符合內地的防疫要求，須安裝有追蹤功能的港版健康碼。

基於香港特區的安心出行的健康碼，並無追蹤功能，特區政府也關注到私隱問題，既然要求返回內地的人都願意接受隔離及採用符合內地要求的健康碼，便應該給予支援，但結果依然是「拖」，於是民建聯又提出逆隔離建議，加快及增加入境內地的名額，但好事多磨，結果也無法落實。

應對不足惹怨氣

及至第五波疫情在 2021 年底爆發，又出現集體違反防疫規定的高官「派對門」，我不禁慨嘆，疫情第四波結束，為何沒有做好準備，到第五波出現的時候，依然是準備不

足，進退失據，市民有很多怨氣，其中一個典型例子，是在寒冷的天氣下，長者一排排睡在醫院門外帳篷，不病死，也凍死，政府又沒有尋找地方安置病人，我曾公開批評表示不滿。政府終於騰出體育館安置新冠病人。

我當時公開表明：「自從 Omicron 出現，我覺得我們的重視程度可能不是太足夠，以為沒問題，我們有經驗，不幸地在輸入情況下，讓它流入了社區，造成今天的局面。我們當初可能有點鬆懈，低估了，接着我們的應對能力亦都跟不上、滯後了。」

抵制謠言

由於第五波新冠肺炎疫情來勢洶洶，有人借故鬧事。我在 2022 年初撰文《抵制謠言，團結抗疫》，特別提到：「我很遺憾仍有一少部分缺乏良知的人在藉機生事，他們透過散佈恐慌、編造謠言來製造社會混亂，例如有人捏造立法會秘密投票『突擊封城七日』、連鎖超市將全線停業，以及物資供應鏈將斷裂等謠言，引致大批市民恐慌性地搶購食物和各類日常生活必需品。當大家見到部分超市的鮮肉枱、蔬果格、麵包架、冷凍櫃、以及陳列即食麵、米、油、罐頭等的貨架都全部被搶購一空時，不得不承認謠言和虛假消息的威力確實十分嚇人。」

「另外又有一些旨在干擾破壞抗疫工作，為中央和特區

政府添煩添亂的人，他們只盼疫情愈嚴重便愈好，毫不在乎市民生命財產安全。例如，有極少數的『黃絲醫護』在內部社交群組意圖發起不合作運動；又有反華政客將全民檢測妖魔化為掠奪港人 DNA；還有人持續不斷地攻擊抹黑紀律部隊、義工、援港醫護等群體。」

中央有求必應

我依然清楚記得，中央對我們關心和支持，要人有人，要物資有物資，可謂「黃大仙：有求必應」，香港疫情才漸漸受控。中央從不計較對香港特區的付出，很早便供應疫苗給香港，當香港不夠醫護處理檢測，又派員前來給予協助；及至有搶購潮，搶蔬菜，搶食物，又以不同方法運送糧食給香港，確保食品供應充足；到欠缺隔離病房，中央又派員協助興建「方艙醫院」，方便病患得到隔離。

當時全國政協副主席、港澳辦主任夏寶龍負責支援香港抗疫工作協調會，他明確指出，全國人民對香港是熱愛的，內地多個省市都在對香港進行援助，做到要人有人，要物資有物資。他勉勵大家要堅定信心，無論遇到什麼樣的困難，有中央的支持，有全體港人的共同努力，都可以克服。風雨過後見彩虹，香港的發展前景是非常好的。

在特首換屆之後，2023 年初落實全面免檢通關，香港百業亦逐漸復常。我認為政府過去適應性較慢，預見性

不足，往往問題發生之後才研究應對方法，未能馬上及時處理，但近期卻有所改變，政策上能及時作出回應，放寬檢疫措施也是一步步處理，與內地有關的問題，亦能及時反映。

總結經驗戰勝疫情

例如新一屆政府增設「全政府動員」級別的應急隊，預先制定各部門指定人員名單，確保需要大量人手處理的重大事故出現時，能立即動員以政府僱員為基礎的輔助應急隊伍，短時間內增添大量人力，支援由專責部門組成的骨幹應變隊伍。過去特區政府因應疫情居家工作時，便沒有安排其他支援主力應對疫情的部門，有了這應急隊後，全民皆兵，才可以更好地在非常時期作出援助。

最近疫情有再度攀升跡象，實在有必要總結經驗，看哪些地方存在較弱的環節，比如染病數字突然颷升，醫院管理局是否有足夠資源應對突然增多的患者，不會令求診者求醫無門。我相信，工作時大家若能將心比己，以心為心，從別人角度出發，改變不應只求工作方便，或抱着各家自掃門前雪的心態，大家在互相扶持之下，一定會愈做愈出色。

疫苗第一針

香港特區疫苗接種計劃在 2021 年 2 月底推行，當時我作為全國人大常委，在 1 月出席北京全國人大常委會會議時，便獲安排接種國藥疫苗。雖然當時香港有不少人對接種疫苗有憂慮，但我對國家疫苗卻充滿信心。

國藥的滅活新冠疫苗，是很成熟的傳統技術，經過多方研究，國家對我們關心，我們應該及早接種。我當時在北京接種後曾表示：「不覺得有什麼特別反應，希望中央可以送給我們，令香港同胞早日得到疫苗保障。」

仍感染兩次

我後來在深圳接種第二針國藥疫苗，之後再在香港接種兩針科興疫苗。不過，前後四針也阻擋不了感染兩次。一次是在 2022 年 6 月 30 日回歸 25 周年時，本來有機會獲國家主席習近平接見的前夕；另一次則在 2023 年 1 月。

或許有不少人質疑疫苗效用，我認為疫苗是不可能完全防止感染，只是當感染後，可以令徵狀輕微一些，我第二次感染時，病況也很輕微，幾天後便康復過來。

憑歌呼籲打疫苗

為了宣傳動員更多市民及長者接種疫苗，我作為香港再出發大聯盟秘書長，決定創作一首歌曲，找來香港著名

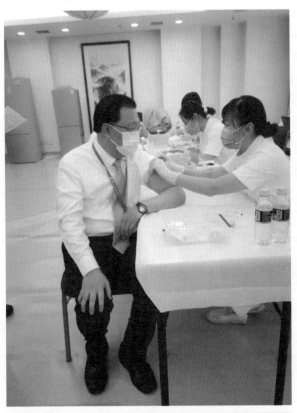

在北京
接種國
藥疫苗

出席「香港再出發大聯盟」全城起動 DaDaDa 發佈會

掃描收看《全城 DaDaDa》MTV

譚情說政40年 —— 從打工仔到全國人大常委

音樂家作曲填詞，並由著名歌手容祖兒主唱作宣傳，希望透過歌曲輕鬆重複的內容，可以潛移默化，把接種疫苗的信息傳揚。

容祖兒當下即時答應，而且完全義務，分毫不收，很快這首《全城 Da Da Da》便完成，不斷地在各大商場、電台、電視、社交媒體上轉播。

被禁出席人大常委會議

一宗源頭不明疫情個案在 2021 年底發生，我首次被禁足，不能出席人大常委的每兩個月一次的例會。

全國人大常委會於當年 10 月 19 日至 23 日於北京召開會議，我作為全國人大常委，原定於 18 日起程，但國家防疫辦公室在出發前一天告知我，我不獲批准出席常委會會議。

據我當時了解，由於香港出現一宗源頭不明個案，而內地十分重視源頭不明個案，所以我和三位列席代表，都不能出席常委會會議。當時北京嚴防嚴控很嚴謹，香港有任何疫情變化，特別是源頭不明個案，都收得更緊。

堅守責任出席會議

記得上次會議，已建議我不要出席，我當時回應有香港議題，我一定要出席，所以上次也只有我一位香港代表

出席。可能今次並無香港議題，便不批准我出席會議。

我作為香港唯一一位常委，每次都希望能出席會議。我明白國家衛生健康委員會有憂慮，擔心我如帶有病毒，會傳給出席會議的國家領導人，所以很多時候都向我表達不用前來開會的信息。

我的原則很簡單，若我受到感染帶有病毒，我一定不會出席會議，但既然我已做足核酸檢測，又進行隔離，確保沒有染疫才開會，實在沒有理由不讓我履行責任，也不應阻礙我出席人大常委的會議。

委員長認同

後來委員長栗戰書知道我的看法，十分認同，我是香港唯一的代表，只要做好預防措施便應該讓我出席，所以委員長之後每次都有查詢我有沒有出席常委會會議。

我是非常重視、珍惜出席每一次會議的，這是我作為常委會委員的責任與擔當。

第二十章
止暴制亂
《港區國安法》

擔任香港再出發大聯盟國安法座談會講者

如果沒有《中華人民共和國香港特別行政區維護國家安全法》(港區國安法)，堵路、襲擊不同政見人士、破壞立法會、毀壞銀行和店舖、佔領大學校園、損毀港鐵站及縱火焚燒公共建築物的情況，應該仍是無日無之，幸得中央支持立法，才成功止暴制亂。

由起草《基本法》加入 23 條維護國家安全的法例起，至香港特區政府欲就 23 條《國家安全(立法條文)條例草案》立法，到全國人大常委通過《港區國安法》，我都有參與其中，見證《港區國安法》誕生及成功阻嚇「黑暴」，市民終於可以自由地上班和上學，經濟和社會逐步回復正常。

無法落實 23 條

自從 2003 年撤回 23 條立法之後，特區政府一直沒有辦法推動這條維護國家安全的條例。在 2019 年移交逃犯的修例風波之中，示威遊行不斷，「黑暴」持續升溫，更有大量反中亂港份子不斷鼓吹「港獨」和「自決」，以所謂的「公民抗命」進行各種違法行為。

為了撥亂反正，2019 年 10 月 31 日中國共產黨第十九屆中央委員會第四次全體會議閉幕發表的公報已指出：要「建立健全特別行政區維護國家安全的法律制度和執行機制，支持特別行政區強化執法力量」，「堅決防範和遏制外部勢力干預港澳事務和進行分裂、顛覆、滲透、破壞活動，

確保香港、澳門長治久安」,「絕不容忍任何挑戰『一國兩制』底線的行為,絕不容忍任何分裂國家的行為。」

港區國安法前奏

當時大家可能並沒有留意,這正是中央就《港區國安法》立法的前奏。2019 年 12 月 16 日,《關於建立健全香港特別行政區維護國家安全的法律制度和執行機制的決定》被列入全國人大常委會 2020 年度立法工作計劃,加快制定香港特區維護國家安全的相關法律。

全國人民代表大會常務委員會副委員長王晨於 2020 年 5 月 22 日在十三屆全國人大三次會議上,作關於《全國人民代表大會關於建立健全香港特別行政區維護國家安全的法律制度和執行機制的決定(草案)》的說明。他指出:「自 2003 年 23 條立法受挫以來,這一立法在香港已被一些別有用心的人嚴重污名化、妖魔化,香港特別行政區完成 23 條立法實際上已經很困難。」「特別是 2019 年香港發生『修例風波』以來,反中亂港勢力公然鼓吹港獨、自決、公投等主張,從事破壞國家統一、分裂國家的活動;公然侮辱、污損國旗國徽,煽動港人反中反共、圍攻中央駐港機構、歧視和排擠內地在港人員;蓄意破壞香港社會秩序,暴力對抗警方執法,毀損公共設施和財物,癱瘓政府管治和立法會運作……這些行為和活動,嚴重挑戰『一國兩制』原則底

線，嚴重損害法治，嚴重危害國家主權、安全、發展利益，必須採取有力措施依法予以防範、制止和懲治。」

300萬人簽名支持《港區國安法》

作為「香港各界撐國安立法聯合陣線」召集人，我和聯合陣線在草案公佈之後，發起簽名運動，短短八日，便在街站和網上合共收集到近300萬個簽名，支持制訂《港區國安法》。我當時在記者會上表示，特首及各司局長等主要官員也有主動到街站簽名支持，數字充分反映市民支持立法意願，是人心所向、勢在必行，會經中聯辦向中央轉達300萬香港市民的意願。

全國人大於5月28日通過有關決定草案之後，6月18日，十三屆全國人大常委會第十九次會議審議《港區國安法（草案）》，2020年6月30日，第十三屆全國人大常委會第二十次會議第二次全體會議以162票全票通過《港區國安法》，並決定將其列入《基本法》附件三，明確由香港特區公佈實施，在特首簽署公告後，當日即時生效。

中央被迫出手

我在參加全國人大常委會會議期間，聽取了港區國安法草案說明，在看過法例草案後，覺得中央訂立港區國安法

時，十分照顧到「一國兩制」和香港實際情況，也很信任特區，「本來國家安全的問題非常重要，而且香港出了這麼多事，最後中央被迫出手，納港區國家安全法入《基本法》附件三，但中央仍對香港充滿信心」。

法例通過之後，我不停地接受中外傳媒訪問，又撰寫文章向香港市民加以說明。在一次訪問中我便清楚指出：「有了《港區國安法》之後，我對香港前景是非常樂觀的。有些人擔心中央會放棄香港，也擔心香港的發展前景將會變得非常暗淡，我個人認為這些觀點都是錯誤的。」

中央不會放棄香港

「在我過去多年接觸過的各位國家領導人中，我就從來沒有聽到中央會放棄香港的說法。反過來，中央為了香港、為了確保『一國兩制』長期良性發展、不變形、不走樣，實在付出了非常大的代價。」

「香港無論是在歷史上、在中華民族偉大復興的道路上都擁有巨大的正面價值。『一國兩制』是中國的偉大發明創舉，透過在香港的成功實踐，『一國兩制』在實踐中證明是可行的。」

對於當時在《港區國安法》出台之後，有反對派批評認為會削弱言論自由，造成白色恐怖、寒蟬效應等，我當時已指出：「中央政府做這個決定時，希望法例出來後可以起防

範、制止有人再搞顛覆、分裂的事情。制止不了、防範不了也需要懲治,所以也有懲治機制。」

「這個法例已經說明沒有追溯力,這個也十分清楚。其實現在我們不是一定要抓人,讓他們坐牢,我們希望他們認識法例後不要再搞,再搞就會被繩之於法,你不要以身試法。這些說話我已經說過很多遍,多次勸告後你仍然不聽,仍然要挑戰,那沒辦法,幫不了你。」

定海神針

我也有特別強調,在《港區國安法》通過之前,香港反對派的核心人物紛紛表示退出政治圈,有些人甚至突然改變態度說自己是「一國兩制」的支持者,有「港獨」組織偃旗息鼓、宣佈解散,更有不少人潛逃國外,足以證明《港區國安法》猶如「定海神針」,維護了香港社會的穩定和長治久安;同時,更是向國際社會發出了明確信號,即香港是中國不可分割的一部分,任何企圖將香港分裂出去的行為都不會得逞,任何國際壓力都不會阻止中國維護國家主權和國家安全的決心。

《港區國安法》落實之後,社會也變得更穩定,2020 年下半年反中亂港勢力和「黑暴」都有所收歛,街頭暴力明顯減少,社會秩序也回復正常,相比沒有《港區國安法》的時期,實不可同日而語,社會愈穩定,投資者愈具信心。

中央最後把關

對於中央在「特定情形下」，保留案件管轄權力，同時成立維護國家安全公署，這並非中央對特區政府沒有信心，因為國家安全涉及不同的政治力量，甚或與海外一個或多個國家有關，國家安全性質特別，不但要有法例，也要有執行機制和機關，眾多情報，未必是香港一個地區能搜集到，而一些案情，特區政府也可能沒有足夠能力應付，所以要由中央最後把關。

我認為，中央不會輕易行使該管轄權，惟條文必須有相關安排，以起「兜底」作用，而特定情形「少之又少」，涉及的是國家面臨戰爭、特區政府癱瘓、案件和國與國有關等相當嚴重的情況，屆時有關的案件將由國家相關機關起訴

國安公署成立時合照（右二）

和審訊，但相信嫌疑犯若在港犯案，審訊時會根據《港區國安法》而非內地的刑法處理。

符合市民願望

紫荊研究院於 2021 年 4 月的調查發現，在約 1,500 名被訪者之中，八成半受訪市民認同香港有維護國家安全的憲制責任，實施《港區國安法》也未有影響日常生活，足以證明法例生效後令社會平靜，符合市民的願望。

回想從前，23 條立法難以落實，是當時反對派吹起一股不信任特區政府的歪風，指責特區政府會濫權，動輒以 23 條打壓市民，而且認為香港不會有國家安全問題。2019 年「黑暴」發生，當市民體會到沒有相關法例下，無法無天的破壞性行為出現，市民的反應也不同，明白到當中的危害性，不但破壞社會秩序，更損害每位市民的利益。

成為全球傳媒寵兒

擔當政治人物多時，我經常接受不同媒體的訪問，但同一時間，全世界媒體都來找我，從早到晚都在做訪問，卻還是首次。

2020 年 6 月 30 日《中華人民共和國香港特別行政區

維護國家安全法》（港區國安法）在香港實施。當時有 10
位港區人大代表列席全國人大常委會，常委會期間有聽取
他們的意見。記得在法例通過時，大家熱烈鼓掌，時任委
員長栗戰書更走到台下，跟各位港區人大代表握手，中央
電視台都前來拍攝並訪問談感受，我當時很激動，眼淚也
湧了出來。

有店主望派駐軍鎮壓「黑暴」

我很感謝中央出手，制訂《港區國安法》，終於有法律
在手，可以止暴制亂。記得在通過之前，有酒樓東主曾向
我表示，「黑暴」四出破壞，無法無天，根本無法經營，要
求中央出手，派駐軍鎮壓，但中央當時並無反應。我深知
中央對香港不會不聞不問，終於在很短時間之內，果斷完
成立法。

當法例通過後，我當晚隨即乘飛機返港，發現機場貴
賓室門外，除有大批記者在場等候採訪外，還有一批人士
集結，心想可能有市民示威抗議，後來我看清楚，是一批
青年人在機場守候多時，歡迎我返回香港，並送上鮮花表
示謝意，我感到非常鼓舞。

訪問停不了

在其後一個月內，全球各地的媒體都找我做訪問，從
早到晚在我辦公室排隊訪問，有時也做電話和視像訪問，
可以說是馬不停蹄，不斷向外講解及說明為何要有《港

區國安法》，立法的原意和目的，是令人安心而不是打壓自由。

午夜凶鈴

我於 2021 年 1 月 16 日凌晨收到記者來電，告知我被美國財政部制裁，成為第二批被制裁的中央及香港要員。為了回應記者的追訪，我於當日早上即時拍下視頻放在社交媒體作回應，譴責美國的霸凌行為。詳情如下：

「今天凌晨 1 時許，我收到記者來電告知被美國制裁，有很多朋友也紛紛發短訊給我，朋友很關心，也鼓勵支持我，指我做得好，做得正確，也認為這是我的光榮。」

早料受制裁

「其實美國政府要制裁我，早在我意料之中，只是第幾批的問題，今次終於輪到我，但我自己覺得，我一直做的事十分正確，因為我維護國家安全，維護香港社會的穩定，我作為人大常委會委員，我一定責無旁貸，去支持，所以美國政府怎樣制裁我，都實在沒有意思，我同樣也會這樣做。」

「我亦多謝我身邊很多朋友，很多我的支持者，對我的鼓勵，對我的支持，我們一定會與大家一起，為香港的大局，為國家安全，為香港社會繁榮穩定而努力。」

「即使制裁有少許不便，也沒有所謂，我沒有資產在美

全國人大常委譚耀宗回應被美國制裁視頻

國，亦不打算到美國，所以沒有問題。不過，我們有一些執法人員，他們要執行國家法例，執行香港的法例，這是他們的職責，那麼你美國政府為何要制裁他們呢？掉轉頭又是否可以呢？」

霸凌行徑

「大家很清楚看到，美國政府這種行為叫霸凌，霸凌的行徑，什麼也插手，什麼也管，香港的事情與之無關，她也要管，所以我們要譴責這些行為，好多謝大家的支持與鼓勵，我一定會繼續努力。多謝。」

每個國家都有主權，定立《港區國安法》是香港內部事務，完全與美國無關，美國卻立法制裁，是恃強凌弱，而且為了一條世界各國都有類似保障國家安全的法例而遭到制裁，我譴責美國政府，對其制裁更加嗤之以鼻。

如今我已退下人大常委的職務，也未有聽到他們會取消對我的制裁，但我並不擔心，沒有什麼大不了，只有反感，我心態是絕不屈服，只要正確，一定堅持到底。

第二十一章
家事、國事、天下事

「一人有事，萬人相助；一處困難，八方支援」，這種守望相助，互助互愛的精神，向來是中國人的美德，「血濃於水」，香港人也自然秉承這種熱心，救人於水火的精神，不論是內地還是國際，只要力有所及，必定支持。

華東水災

1991 年華東水災，我依然記得演藝界以極速時間拍了一齣《豪門夜宴》電影及舉行「演藝界總動員忘我大匯演」，為水災籌款，而港英政府也撥了 5,000 萬元賑濟災民，全港掀起捐贈救助華東水災的熱潮，反映血濃於水，香港人能出錢出力，實在叫人感動。據當時報章報道，短短 10 天，便籌得超過 4.7 億港元。

當年新華社香港分社更安排香港賑災慰問團到內地了解，由於當時民建聯仍未成立，我以工聯會副理事長身份參加慰問團，並獲國家領導人江澤民、李鵬、溫家寶等在人民大會堂接見。其間有官員講解和分析今次水災的情況，並向慰問團表明，已制定措施，保證賑災捐款合理運用，防止有人壓錢生息，未能及時向災區分發善款。

200 萬元捐贈災民

民建聯成立之後，對於內地災禍，都本着休戚與共，血

1994 年為華南水災籌得 200 萬元

1998 年為長江水災籌款

譚情說政 40 年 —— 從打工仔到全國人大常委

1998 年 1 月為河北地震災民籌款

濃於水的精神，盡力施以援手。1994 年 6 月華南地區連場暴雨，多個省份暴雨成災，我們立即舉行街頭募捐活動、設立捐款熱線和舉辦粵曲大匯演，籌得超過 200 萬元送到內地。

不幸地，天災依然，1996 年麗江地震、1998 年又有河北地震和長江水災，我們均發起賑災籌款活動，希望出一分力量，協助災民。

汶川大地震

另一次叫人心酸和難忘的天災，是 2008 年 5 月四川省

2008 年 5 月 21 日，參加哀悼四川大地震遇難同胞燭光晚會

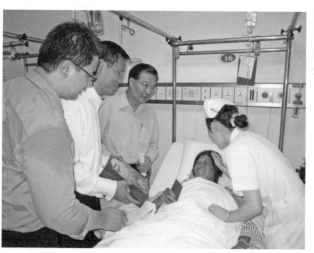

2008 年 5 月
27 日往深圳
探訪四川地震
受傷災民

汶川大地震，當時真是觸動人心。由於災民眾多，部分被轉送到深圳醫院進行康復治療，我和民建聯的立法會和區議會議員都前往醫院慰問，並送上一些勵志圖書，鼓勵他們勇敢面對困境，希望有助他們走出傷痛，重燃對未來的希望。

我亦以民建聯主席身份，致函國務院總理溫家寶，向國家和災民致以慰問，希望中央政府在困難時期，做好賑災捐助和物資調派工作，為救災和重建做好準備，並促請嚴查學校和醫院等公共建築物倒塌原因，避免慘劇重演。

民建聯在全港各區進行街頭籌款，市民熱烈支持，籌

2008 年 5 月 19 日將首批賑濟四川的善款送往中聯辦

得 900 萬元，當中捐款的市民大都是基層市民，金額雖然不大，但實在令人感動。

戶對戶家庭援助計劃

我們不斷思考，千方百計想辦法，如何可以有效善用捐款，可以針對性地幫助更多有需要的災民。其間我們提出了「戶對戶家庭援助計劃」，發動香港一戶家庭每月捐出 333 元，為期一年，資助一戶四川受災嚴重地區的單親家庭。

在 7 月時，立法會組團到汶川災區探望災民，我當時是立法會副團長，到訪一所已變為頹垣敗瓦的學校，倒下的樑柱掛有一個大鐘，指着當時地震倒下的時間，在瓦礫中隨處可見到學生用的書本和練習簿等，令人十分唏噓。

我們之後又到解放軍軍營慰問負責救援的軍人，他們不畏危險和艱辛，在崎嶇不平的路上爭取救人的機會，我們在軍營吃午飯，十分感觸，提着的飯盒仿如我們對災民的心一樣，都是熱騰騰。

臨屋區遮風擋雨

四川日夜溫差很大，晚上天氣寒冷，要盡速在災區搭建可以棲身的地方殊不容易。我們來到接收災民的臨時房屋區，探訪幾戶人家，慰問他們的情況，對居所和安排，他們

2008 年 10 月 18 至 19 日往四川參加戶對戶家庭援助計劃啟動儀式及探訪災民

都感受到國家的關懷。

其後我與民建聯成員在 10 月親赴其中一個四川災區彭州，帶來第一期 99.9 萬元的啟動資金，也帶來 700 萬港人的關懷和祝福，希望能幫助彭州小魚洞鎮 1,000 戶特困家庭，每年得到 3,996 元的扶助，讓他們堅強面對前路，逐步走出哀痛和困難，恢復正常生活。

釣魚島保家衛國

保家衛國向來是我的信念。釣魚島是中國領土，大家都支持，對日本軍國主義，我們都強烈反對，大家都無忘歷史，香港索償協會也曾多次找我和民建聯幫忙，爭取日本向香港日佔時期受害者作出賠償。向來戰敗國便應歸還掠奪的土地和物品，也應向受影響的地方作出賠償，所以當 1996 年日本政府將中國領土釣魚島劃入其經濟海域，並縱容右翼份子在島上建設燈塔等，侵犯國家主權，民建聯即與超過 600 個團體組成「香港各界保釣聯委會」。

我與一眾代表舉行多次示威遊行及聲討大會，堅持「領土完整，不容侵佔」，「毋忘九．一八，保衛釣魚台」、「抗議日本，侵佔釣魚台」，發起的「全港保衛釣魚島」簽名大行動，更收集到逾 76 萬名市民簽名。

我們一直關注釣魚島的局勢，包括 2010 年日本政府計劃將釣魚島在內 25 個離島「國有財產化」，同年 8 月我們

1996 年民建聯與其他團體成立香港各界保釣聯委會，舉行多次示威遊行及聲討大會，並發起全港保衛釣魚島簽名大行動及全球網上保釣簽名大行動

到日本總領事館抗議，要求停止一切侵犯中國主權的挑釁
行為。

重視推動兩地交流

我擔任主席期間，十分重視推動兩地交流，一來大家關
係密切，二來內地發展迅速，港人到內地定居、讀書和經商
也愈來愈多，我認為可以配合內地的發展，看看可以為香港
帶來什麼機遇，而且也可以反映港人在內地遇上的困難，與
內地相關部門共同商討解決之法。

廣東省省長汪洋於 2008 年 1 月提出要解放思想，衝破
更多制度上及行政上的藩籬，建構粵港澳經濟共同體，當年
6 月民建聯便發表《共融共榮——邁向港澳共同體》研究報
告，提出 15 項加強港澳合作的具體建議，包括兩地政府成
立港澳高層聯席會議、組成經濟一體化委員會，以及簡化
澳門居民來港手續等，以回應汪洋的講話。

國家在 2009 年 1 月發佈經國務院批准的《珠江三角洲
地區改革發展規劃綱要（2008 － 2020 年）》（綱要）。我當
時便覺得這是香港經濟發展的重大契機，於是在 3 月成立
經濟顧問小組，討論香港與珠三角的合作，並於 7 月發表
《把握機遇　經營珠三角——粵港合作先行先試建議書》，
提出 27 項建議，希望能引起社會關注和討論粵港合作議題
的作用。

2009 年 3 月 31 日「民建聯經濟顧問小組」舉行第一次會議

2009 年 8 月 10 日民建聯代表團與廣東省省長黃華華會晤

我又在 2008 年 8 月率領民建聯高層訪問廣東五天,考
察珠三角九市和粵東地區四市,與省長黃華華見面,他讚揚
民建聯是首個到廣東省與省政府就落實《綱要》進行交流的
香港民間政團。

首次以主席身份訪台

2008 年另一件大事是 5 月馬英九成為台灣新領導人,
兩岸形勢出現重大變化。為加強兩岸交流合作,我於 6 月
率團訪問台灣,會晤政經界代表,探討兩岸應如何把握機
遇,爭取共贏。在翌年 6 月再次組團赴台了解當地文化和
環保政策,並在 2010 年及 2014 年考察當地的地方選舉制
度。可惜在民進黨掌權後,兩岸關係大變,而民建聯再沒有
出訪台灣。

內地設專業服務中心

及至 2011 年 8 月,我再次率領高層代表團訪問廣東四
日,並兵分多路,到訪 12 個主要城市,希望能進一步推動
粵港緊密合作。眼見愈來愈多人到內地營商,為協助他們
提供發展平台,民建聯在 2010 年年底到 2015 年在東莞設
立香港專業服務中心,以便加強當地政府有關部門及港商、
台商、外商等商會組織建立聯繫。

2008 年 6 月 9 日至 10 日民建聯組團訪問台灣

2010 年 12 月 9 日東莞服務中心開幕，政制及內地事務局局長林瑞麟（右二）主持揭幕禮

2011 年 8 月訪廣東十二市

譚情說政 40 年 —— 從打工仔到全國人大常委

2010 年 12 月在東莞設立了專業服務中心，政制及內地事務局局長林瑞麟也有出席揭幕儀式。服務中心為東莞港企提供法律、會計、金融、IT、設計、個人理財、調解等方面專業服務。隨後，中心又陸續推出 15 個不同主題的講座以及其他交流活動，促進港企轉型升級。由於服務中心不收費，很多專業人士會到此尋求協助或把這裏變為他們的東莞辦公室，一時間吸納了很多港商和台商。

「一帶一路」是打開國家跨國經濟的新篇章，2013 年底中共十八屆三中全會把「一帶一路」列為國家策略，投資近 70 個國家和國際組織。2015 年 3 月國家發改委、外交部、商務部等聯合發表《推動共建絲綢之路經濟和 21 世紀海上絲綢之路的願景與行動》白皮書，「一帶一路」便正式開局，白皮書還首次提出打造粵港澳大灣區。

「一帶一路」

我當時認為，有機遇便應該把握，特別是若太依賴歐美市場，一旦有任何問題便對經濟有重大影響，所以應該開拓新市場，而新興國家會有很多需求，自然也有不少機遇，所以 2015 年 5 月便請來發改委學術委員會秘書長張燕生教授，向我們講解「一帶一路」戰略對香港的影響。

我在 2015 年年底民建聯發表《施政報告》和《財政預算案》的期望時，提出配合「十三五規劃」，迎接「一帶一路」

商機，如建立政府之間的關係；主動帶領港企走出去，到「一帶一路」沿線國家推廣交流活動，拓展商機；支援港企投資於「一帶一路」的項目；爭取「一帶一路」沿線基建項目提供顧問、保險、財資管理及法律等專業服務，這些都是我們的重點建議。

最初社會反應不大，直至 2016 年行政長官梁振英將之納入《施政報告》之中。事實上，近年香港投資者和企業家也漸漸對開拓「一帶一路」市場感到興趣，甚至在當地開設公司，而香港鐵路發展成熟，是有條件走出去，再開展業務。

粵港澳大灣區

國家經濟發展起來，當公佈聚焦《粵港澳大灣區發展規劃綱要》時，香港人曾擔心香港重要性下降，地位會被取代。我作為全國人大常委，又是民建聯會務顧問，很快便拍攝了「快問快答」的短片，解釋香港有良好基礎，是獨立關稅區、有本身貨幣、簡單低稅制、奉行普通法，又與國際接軌，有別於其他內地城市，令大家減少疑慮。

我也有出席青年民建聯大灣區講座，說明年青人到大灣區，要學好普選話，適應環境、突破思維、裝備自己、了解政策。香港青年經常被指為「溫室花朵」，不希望改變，不希望離開父母朋友，而且內地工資不高，創業又未具備相

《粵港澳大灣區發展規劃綱要》快問快答短片（2019 年 2 月 21 日）

關能力，專業知識仍未足夠，所以到內地打工並沒有吸引力。於是我們給予青年輔導，包括舉辦講座、與立法會議員對談、邀請內地經商人士分享經驗，有機會成功創業，年青人便願意留下，但因為創業也時有反覆，有變化，即使是好的點子，內地好快便趕上。

安排青年到內地實習

我們也安排青年人到內地大型企業做實習。我曾到阿里巴巴參觀，他們重視團隊精神，放手讓大家發揮，不斷尋求創新和進步。

「一國兩制」既要尊重一國，也要發揮兩制優勢，這才是香港出路。正所謂「近水樓台，先得月」，融入國家發展，積極配合，香港絕對有機會再上一層樓，同心協力才可以令香港變得更加好，令香港受益，人人受惠。

首次踏足台灣

今時今日要到台灣旅遊，可以隨時動身，但在 80 年代兩岸關係緊張，特別是有左派或者右派背景的工會，都不會輕言踏足立場迴異的土地。不過，在 1993 年 5 月 14 日，我便以工聯會副理事長兼立法局議員身份，聯同右派工會，首次踏足台灣，當時有一段謎樣的經歷。

當年勞工界內，以工聯會和港九工團聯合總會（工團）為主，人數則是工聯會明顯佔優，由於在勞顧會和立法局選舉都是一會一票，兩會組合最多，首三屆都是由兩個工會的代表自動當選。

當我加入勞顧會和立法局之後，與右派的工團彭震海成為同僚，撇開大家的政治立場，我們經常在勞工議題上有合作，互相信任日漸增加，而當時兩岸關係也見紓緩。

彭震海是從上海移居到香港，已數十年未有返回大陸，我也從未到過台灣，於是我建議由兩位勞工界的立法局議員和六位勞顧會勞方代表，分別到內地和台灣考察。

神秘人探訪

猶記得，當年在台期間入住圓山大飯店，晚上突然有人拍門，我正奇怪，各人都在休息，為何會有人突然敲門，於是打開房門，有非國民黨的工會代表要跟我談話，我認

勞顧會成員訪問北京和台灣。相片攝於北京全國總工會門外（我於右六）

勞顧會成員訪問北京和台灣。相片攝於台灣（我於右四）

為留在房間傾談不方便，大家便到樓下大堂，傾談關於他們遭到台灣政府打壓的問題。

我事後回想，他們希望找香港工會代表投訴，我都可以理解，但為何他們能找到我們的住處及我的房間，至今仍是一個謎。

鳴謝

文宏武　　　　傅偉中　　　　吳靜怡　　　　王庭聰

江達可　　　　曾鈺成　　　　程介南　　　　陳婉嫻

譚惠珠　　　　林淑儀　　　　簡志豪　　　　陳恒鑌

陳　勇　　　　衛　昕　　　　梁仲賢　　　　戚寶瑩

香港大公文匯傳媒集團　　　　香港商報　　　　星島日報

香港經濟日報　成報　　　　新華社　　　　新華網

中新社　　　　央視網　　　　中國新聞網　　　中國人大網

譚情說政
40年
從打工仔到全國人大常委

譚耀宗 口述
駱綺芬 整理

責任編輯
黎耀強

裝幀設計
Sands Design Workshop

排 版
Sands Design Workshop

印 務
劉漢舉

出 版
中華書局（香港）有限公司
香港北角英皇道 499 號北角工業大廈 1 樓 B 室
電話：（852）2137 2338
傳真：（852）2713 8202
電子郵件：info@chunghwabook.com.hk
網址：http://www.chunghwabook.com.hk

發 行
香港聯合書刊物流有限公司
香港新界荃灣德士古道 220-248 號
荃灣工業中心 16 樓
電話：（852）2150 2100
傳真：（852）2407 3062
電子郵件：info@suplogistics.com.hk

印 刷
泰業印刷有限公司
大埔工業邨大貴街 11 至 13 號

版 次
2023 年 7 月初版
©2023 中華書局

規 格
32 開（145mm×210mm）

ISBN
978-988-8860-29-6